예
수
를 쓰
다

예수를 쓰다

엮은이 넥서스크로스 성경팀
펴낸이 임상진
펴낸곳 (주)넥서스

초판 1쇄 발행 2020년 9월 14일
초판 3쇄 발행 2022년 3월 25일

출판신고 1992년 4월 3일 제311-2002-2호
10880 경기도 파주시 지목로 5
Tel (02)330-5500 Fax (02)330-5555

ISBN 979-11-90927-66-6 03230

www.nexusbook.com

내 영혼을 위한 말씀 필사

예수 그리스도의
말씀을 따라

예수를 쓰다

넥서스CROSS

말씀을 따라 써보았습니다. 눈에 들어오는 구절 하나하나를 써보았습니다. 예수께서 이 말씀은 언제 어디서 누구에게 하셨을까, 찾아보기도 하고 그려보기도 하면서 써보았습니다. 개역개정 성경과 새번역 성경 그리고 다른 번역본을 함께 읽고 난 후, 조금 천천히 정성을 기울였습니다. 마음을 담아 쓰는 것이 쉽지 않았습니다. 글자 하나가 내 마음대로 되지 않더군요. 쓰다 멈추고 쓰다 멈추었지요. 그렇지만 마음이 복잡하고 분주할 때 다시 펼쳐서 써보았습니다. 그러다 필사하는 것 자체가 기도라는 걸 알게 되었습니다. 손으로 하는 기도라는 것을요.

사실 그리스도인에게 무엇보다 필요한 것은 말씀에 머무는 시간일 겁니다.

하나님이 우리에게 주신 성경 66권은 모두 예수님에 대해 증언하고 있습니다. 그 가운데『내 영혼을 위한 말씀 필사, 예수를 쓰다』는 예수님의 말씀 406구절을 뽑았습니다. 소년 예수의 말씀 누가복음 2장 49절부터 사도행전 1장 7-8절까지 다루고 있지만 거의 대부분 사복음서에 담긴 공생애 기간의 말씀입니다.

사복음서는 예수께서 이 땅에 오신 것을 시작으로 십자가에 죽으시고 부활하시고 승천하신 사건들과 마침내 그 날 다시 오시겠다는 재림의 약속을 기록하고 있습니다. 하나의 이야기를 위해 왜 네 권의 복음서가 필요한지 의문이 들 수 있습니다. 그러나 이렇게 네 권의 복음서가 기록된 것은 각기 다른 공동체(유대인 공동체나 헬라인 공동체 등)의 필요에 따라 작성되었기 때문입니다. 기록자마다 다른 배경 아래서 조금씩 다른 관점을 가지고 기록한 것입니다. 네 권의 복음서를 통해서 우리는 완전하고 일관성 있는 예수님을 만날 수 있습니다. 이는 정말 놀라운 일이지요!

이 책은 네 권의 복음서를 시간순으로 정리하였기 때문에, 예수님의 말씀 한 구절 한 구절을 따라쓰다 보면, 마치 그 발걸음을 한 걸음 한 걸음 따라가는 것처럼 느껴질 것입니다.
예수님이 지금 어디 계신지, 누구에게 어떤 말씀을 하고 계신지 찬찬히 살피며 따라가 보십시오.
말씀에 머물러 보십시오.
이 책이 그 시작에 작은 도움이 되길 바랍니다.

❖ 이 책의 활용법

1. 왼쪽에는 필사 본문인 개역개정 성경과, 성경 이해를 돕기 위해 새번역 성경을 함께 두었습니다.

2. 예수님이 지금 어떤 상황에서 말씀하시는지 알기 위해 소제목을 달아두었습니다.

　(소제목은 여러 성경 번역본 중에서 골라서 정리한 것입니다.)

3. 오른쪽에는 필사할 성경본문을 받아쓰기 형식으로 구성하였습니다.

　글꼴 그대로 따라 쓰지 않아도 됩니다.

4. 중간중간 '묵상하기'를 두었습니다. 해당 본문의 이해와 묵상을 돕기 위함입니다.

1부

혼

사역을 시작하시다

∝ 소년 시절의 예수

누가복음 2:49 예수께서 이르시되 어찌하여 나를 찾으셨나이까
내가 내 아버지 집에 있어야 될 줄을 알지 못하셨나이까

새번역 예수가 부모에게 말하였다. "어찌하여 나를 찾으셨습니까?
내가 내 아버지의 집에 있어야 할 줄을 알지 못하셨습니까?"

∝ 세례를 받으시다

마태복음 3:15 예수께서 대답하여 이르시되 이제 허락하라 우리가 이와 같이 하여
모든 의를 이루는 것이 합당하니라 하시니 이에 요한이 허락하는지라

새번역 예수께서 그에게 말씀하셨다. "지금은 그렇게 하도록 하십시오. 이렇게 하여,
우리가 모든 의를 이루는 것이 옳습니다." 그제서야 요한이 허락하였다.

∝ 시험을 받으시다

마태복음 4:4 예수께서 대답하여 이르시되 기록되었으되 사람이
떡으로만 살 것이 아니요 하나님의 입으로부터 나오는
모든 말씀으로 살 것이라 하였느니라

새번역 예수께서 대답하셨다. "성경에 기록하기를 '사람이 빵으로만 살 것이
아니라, 하나님의 입에서 나오는 모든 말씀으로 살 것이다' 하였다."

묵상하기

예수님은 공생애를 시작하시기 전 성령께 이끌리어 마귀에게 시험을 받으십니다. 예수님은 하나님의 아들이자 메시아로서, 그에게 속한 모든 백성을 대표하는 한 인간으로서 시험받으신 것입니다. 사탄은 하나님의 말씀을 교묘하게 악용하지만, 예수님은 하나님의 말씀으로 사탄을 물리치십니다. 이 승리는 예수님을 따르는 성도가 세상을 살아갈 때 하나님의 말씀 위에 굳게 서야 하는 것을 보여줍니다.

누가복음 2:7

마태복음 3:15

마태복음 3:1

마태복음 4:7   예수께서 이르시되 또 기록되었으되
주 너의 하나님을 시험하지 말라 하였느니라

새번역 예수께서 악마에게 말씀하셨다. "또 성경에 기록하기를
'주 너의 하나님을 시험하지 말아라' 하였다."

마태복음 4:10   이에 예수께서 말씀하시되 사탄아 물러가라 기록되었으되
주 너의 하나님께 경배하고 다만 그를 섬기라 하였느니라

새번역 그 때에 예수께서 그에게 말씀하셨다. "사탄아, 물러가라. 성경에
기록하기를 '주 너의 하나님께 경배하고, 그분만을 섬겨라' 하였다."

비로소 천국을 전파하시다

마태복음 4:17   이때부터 예수께서 비로소 전파하여 이르시되
회개하라 천국이 가까이 왔느니라 하시더라

새번역 그 때부터 예수께서는 "회개하여라. 하늘나라가
가까이 왔다" 하고 선포하기 시작하셨다.

묵상하기

"회개하라 천국이 가까이 왔느니라"(마 4:17)는 예수님이 공생애 사역을 시작할 때의 첫 설교 말씀이었습니다. '회개'는 단순히 잘못을 고백하는 것이 아니라, 죄를 버리고 생각과 삶 전체를 하나님께로 돌이키는 철저한 변화를 일컫습니다. 또한 '천국'은 마태복음에서만 사용되는 표현으로, 다른 복음서에 나오는 '하나님 나라'와 같은 의미입니다. '천국', '하나님 나라'는 예수 그리스도를 통해 하나님의 통치가 회복되는 나라입니다.

첫 제자들

요한복음 1:38   예수께서 돌이켜 그 따르는 것을 보시고 물어 이르시되 무엇을 구하느냐
이르되 랍비여 어디 계시오니이까 하니 (랍비는 번역하면 선생이라)

새번역   예수께서 돌아서서, 그들이 따라오는 것을 보시고 물으셨다. "너희는
무엇을 찾고 있느냐?" 그들은 "랍비님, 어디에 묵고 계십니까?"
하고 말하였다. ('랍비'는 '선생님'이라는 말이다.)

요한복음 1:39   예수께서 이르시되 와서 보라 그러므로 그들이 가서 계신 데를
보고 그 날 함께 거하니 때가 열 시쯤 되었더라

새번역   예수께서 그들에게 대답하셨다. "와서 보아라." 그들이 따라가서, 예수께서
묵고 계시는 곳을 보고, 그 날을 그와 함께 지냈다. 때는 오후 네 시쯤이었다.

요한복음 1:42   데리고 예수께로 오니 예수께서 보시고 이르시되 네가 요한의 아들
시몬이니 장차 게바라 하리라 하시니라 (게바는 번역하면 베드로라)

새번역   그런 다음에 시몬을 예수께로 데리고 왔다. 예수께서 그를 보시고
말씀하셨다. "너는 요한의 아들 시몬이로구나. 앞으로는 너를
게바라고 부르겠다." ('게바'는 '베드로' 곧 '바위'라는 말이다.)

빌립과 나다나엘을 부르시다

요한복음 1:43   이튿날 예수께서 갈릴리로 나가려 하시다가
빌립을 만나 이르시되 나를 따르라 하시니

새번역   다음 날 예수께서 갈릴리로 떠나려고 하셨다. 그 때에
빌립을 만나서 말씀하셨다. "나를 따라오너라."

요한복음 1:38

요한복음 1:39

요한복음 1:42

요한복음 1:43

요한복음 1:47 예수께서 나다나엘이 자기에게 오는 것을 보시고 그를 가리켜 이르시되
보라 이는 참으로 이스라엘 사람이라 그 속에 간사한 것이 없도다

새번역 예수께서 나다나엘이 자기에게로 오는 것을 보시고, 그를 두고 말씀하셨다.
"보아라, 저 사람이야말로 참으로 이스라엘 사람이다. 그에게는 거짓이 없다."

요한복음 1:48 나다나엘이 이르되 어떻게 나를 아시나이까 예수께서 대답하여
이르시되 빌립이 너를 부르기 전에 네가 무화과나무 아래에
있을 때에 보았노라

새번역 나다나엘이 예수께 물었다. "어떻게 나를 아십니까?" 예수께서 대답하셨다.
"빌립이 너를 부르기 전에, 네가 무화과나무 아래에 있는 것을 내가 보았다."

요한복음 1:50 예수께서 대답하여 이르시되 내가 너를 무화과나무 아래에서
보았다 하므로 믿느냐 이보다 더 큰 일을 보리라

새번역 예수께서 그에게 말씀하셨다. "네가 무화과나무 아래 있을 때에
내가 너를 보았다고 해서 믿느냐? 이것보다 더 큰 일을 네가 볼 것이다."

요한복음 1:17

요한복음 1:18

요한복음 1:19

요한복음 1:51 또 이르시되 진실로 진실로 너희에게 이르노니 하늘이 열리고
하나님의 사자들이 인자 위에 오르락 내리락 하는 것을 보리라 하시니라

새번역 예수께서 그에게 또 말씀하셨다. "내가 진정으로 진정으로
너희에게 말한다. 너희는, 하늘이 열리고 하나님의 천사들이
인자 위에 오르락내리락하는 것을 보게 될 것이다."

⌯ 가나의 혼인 잔치

요한복음 2:4 예수께서 이르시되 여자여 나와 무슨 상관이 있나이까
내 때가 아직 이르지 아니하였나이다

새번역 예수께서 어머니에게 말씀하셨다. "여자여, 그것이 나와 당신에게
무슨 상관이 있습니까? 아직도 내 때가 오지 않았습니다."

요한복음 2:7 예수께서 그들에게 이르시되 항아리에
물을 채우라 하신즉 아귀까지 채우니

새번역 예수께서 일꾼들에게 말씀하셨다. "이 항아리에 물을 채워라."
그래서 그들은 항아리마다 물을 가득 채웠다.

✒ 묵상하기

세례 요한의 두 제자는 요한의 증언을 듣고 예수님을 찾아옵니다. 예수님은 그들에게 무엇을 찾느냐 물으시곤, 직접 와서 보라고 말씀하십니다. 이들은 예수님의 첫 제자들이 됩니다. 예수께서 나다나엘에게 더 큰 일, 하늘의 일을 보게 되리라 말씀하신 요한복음 1장 50-51절 이후 가나의 혼인 잔치가 이어지는 것은 의미심장합니다. 예수님의 첫 이적을 통해서 하늘나라의 잔치를 조금이나마 엿볼 수 있습니다.

∞ 예수와 니고데모

요한복음 3:3   예수께서 대답하여 이르시되 진실로 진실로 네게 이르노니
사람이 거듭나지 아니하면 하나님의 나라를 볼 수 없느니라

새번역 예수께서 그에게 말씀하셨다. "내가 진정으로 진정으로 너에게
말한다. 누구든지 다시 나지 않으면, 하나님 나라를 볼 수 없다."

요한복음 3:5   예수께서 대답하시되 진실로 진실로 네게 이르노니 사람이
물과 성령으로 나지 아니하면 하나님의 나라에 들어갈 수 없느니라

새번역 예수께서 대답하셨다. "내가 진정으로 진정으로 너에게 말한다. 누구든지
물과 성령으로 나지 아니하면, 하나님 나라에 들어갈 수 없다."

요한복음 3:8   바람이 임의로 불매 네가 그 소리는 들어도 어디서 와서
어디로 가는지 알지 못하나니 성령으로 난 사람도 다 그러하니라

새번역 바람은 불고 싶은 대로 분다. 너는 그 소리는 들지만, 어디에서 와서
어디로 가는지는 모른다. 성령으로 태어난 사람은 다 이와 같다.

요한복음 3:16   하나님이 세상을 이처럼 사랑하사 독생자를 주셨으니
이는 그를 믿는 자마다 멸망하지 않고 영생을 얻게 하려 하심이라

새번역 하나님께서 세상을 이처럼 사랑하셔서 외아들을 주셨으니,
이는 그를 믿는 사람마다 멸망하지 않고 영생을 얻게 하려는 것이다.

요한복음 3:3

요한복음 3:5

요한복음 3:8

요한복음 3:16

요한복음 3:17 하나님이 그 아들을 세상에 보내신 것은 세상을 심판하려 하심이
아니요 그로 말미암아 세상이 구원을 받게 하려 하심이라

새번역 하나님께서 아들을 세상에 보내신 것은, 세상을 심판하시려는
것이 아니라, 아들을 통하여 세상을 구원하시려는 것이다.

요한복음 3:18 그를 믿는 자는 심판을 받지 아니하는 것이요 믿지 아니하는 자는
하나님의 독생자의 이름을 믿지 아니하므로 벌써 심판을 받은 것이니라

새번역 아들을 믿는 사람은 심판을 받지 않는다. 그러나 믿지 않는 사람은 이미
심판을 받았다. 그것은 하나님의 독생자의 이름을 믿지 않았기 때문이다.

요한복음 3:19 그 정죄는 이것이니 곧 빛이 세상에 왔으되 사람들이
자기 행위가 악하므로 빛보다 어둠을 더 사랑한 것이니라

새번역 심판을 받았다고 하는 것은, 빛이 세상에 들어왔지만, 사람들이 자기들의
행위가 악하므로, 빛보다 어둠을 더 좋아하였다는 것을 뜻한다.

✆ 사마리아 여자와 말씀하시다

요한복음 4:10 예수께서 대답하여 이르시되 네가 만일 하나님의 선물과
또 네게 물 좀 달라 하는 이가 누구인 줄 알았더라면
네가 그에게 구하였을 것이요 그가 생수를 네게 주었으리라

새번역 예수께서 그 여자에게 대답하셨다. "네가 하나님의 선물을 알고, 또
너에게 물을 달라는 사람이 누구인지를 알았더라면, 도리어 네가
그에게 청하였을 것이고, 그는 너에게 생수를 주었을 것이다."

요한복음 4:14   내가 주는 물을 마시는 자는 영원히 목마르지 아니하리니
내가 주는 물은 그 속에서 영생하도록 솟아나는 샘물이 되리라

새번역 그러나 내가 주는 물을 마시는 사람은, 영원히 목마르지 아니할 것이다.
내가 주는 물은, 그 사람 속에서, 영생에 이르게 하는 샘물이 될 것이다.

요한복음 4:21   예수께서 이르시되 여자여 내 말을 믿으라 이 산에서도 말고
예루살렘에서도 말고 너희가 아버지께 예배할 때가 이르리라

새번역 예수께서 말씀하셨다. "여자여, 내 말을 믿어라. 너희가
아버지께, 이 산에서 예배를 드려야 한다거나, 예루살렘에서
예배를 드려야 한다거나, 하지 않을 때가 올 것이다."

요한복음 4:23   아버지께 참되게 예배하는 자들은 영과 진리로 예배할 때가 오나니 곧
이 때라 아버지께서는 자기에게 이렇게 예배하는 자들을 찾으시느니라

새번역 참되게 예배를 드리는 사람들이 영과 진리로 아버지께 예배를 드릴 때가 온다.
지금이 바로 그 때이다. 아버지께서는 이렇게 예배를 드리는 사람들을 찾으신다.

요한복음 4:24   하나님은 영이시니 예배하는 자가 영과 진리로 예배할지니라

새번역 하나님은 영이시다. 그러므로 하나님께 예배를 드리는 사람은
영과 진리로 예배를 드려야 한다.

요한복음 1:1

요한복음 1:2

요한복음 1:3

요한복음 1:4

∽ 어부들을 제자로 부르시다

누가복음 5:4   말씀을 마치시고 시몬에게 이르시되
깊은 데로 가서 그물을 내려 고기를 잡으라

새번역 예수께서 말씀을 그치시고, 시몬에게 말씀하셨다.
"깊은 데로 나가, 그물을 내려서, 고기를 잡아라."

마태복음 4:19 말씀하시되 나를 따라오라 내가 너희를
사람을 낚는 어부가 되게 하리라

새번역 예수께서 그들에게 말씀하셨다. "나를 따라오너라.
나는 너희를 사람을 낚는 어부로 삼겠다."

∽ 중풍병자를 고치시다

마가복음 2:5   예수께서 그들의 믿음을 보시고 중풍병자에게 이르시되
작은 자야 네 죄 사함을 받았느니라 하시니

새번역 예수께서는 그들의 믿음을 보시고, 중풍병 환자에게
"이 사람아! 네 죄가 용서받았다" 하고 말씀하셨다.

묵상하기

예수님은 평범한 어부 베드로와 세리 레위(마태)를 부르셨습니다. 예수님이 제자를 선택하신 기준은 세상의 기준과 아주 달랐습니다. 사회적으로 인정받고 성공한 엘리트를 부르신 것이 아니라, 갈릴리의 어부와 사람들에게 손가락질 받던 세리를 부르신 것입니다. 이를 통해 세상의 약한 자를 불러 강한 자를 부끄럽게 하시는 하나님의 놀라운 일하심을 알 수 있게 하셨습니다(고전 1:27).

✶ 마태를 부르시다

마태복음 9:9 예수께서 그 곳을 떠나 지나가시다가 마태라 하는 사람이
세관에 앉아 있는 것을 보시고 이르시되 나를 따르라 하시니
일어나 따르니라

> **새번역** 예수께서 거기에서 떠나서 길을 가시다가, 마태라는 사람이 세관에 앉아 있는
> 것을 보시고 말씀하셨다. "나를 따라오너라." 그는 일어나서, 예수를 따라갔다.

마태복음 9:12 예수께서 들으시고 이르시되 건강한 자에게는
의사가 쓸데없고 병든 자에게라야 쓸 데 있느니라

> **새번역** 예수께서 그 말을 들으시고서 말씀하셨다. "건강한 사람에게는
> 의사가 필요하지 않으나, 병든 사람에게는 필요하다."

마태복음 9:13 너희는 가서 내가 긍휼을 원하고 제사를 원하지 아니하노라
하신 뜻이 무엇인지 배우라 나는 의인을 부르러
온 것이 아니요 죄인을 부르러 왔노라 하시니라

> **새번역** 너희는 가서 '내가 바라는 것은 자비요, 희생제물이 아니다' 하신 말씀이 무슨
> 뜻인지 배워라. 나는 의인을 부르러 온 것이 아니라, 죄인을 부르러 왔다.

마태복음 11:1

마태복음 11:2

마태복음 11:3

∝ **금식 논쟁**

마태복음 9:15 예수께서 그들에게 이르시되 혼인집 손님들이
신랑과 함께 있을 동안에 슬퍼할 수 있느냐
그러나 신랑을 빼앗길 날이 이르리니 그 때에는 금식할 것이니라

새번역 예수께서 그들에게 말씀하셨다. "혼인 잔치의 손님들이 신랑이
자기들과 함께 있는 동안에 슬퍼할 수 있느냐? 그러나 신랑을
빼앗길 날이 올 터이니, 그 때에는 그들이 금식할 것이다."

누가복음 5:36 또 비유하여 이르시되 새 옷에서 한 조각을 찢어
낡은 옷에 붙이는 자가 없나니 만일 그렇게 하면 새 옷을 찢을 뿐이요
또 새 옷에서 찢은 조각이 낡은 것에 어울리지 아니하리라

새번역 예수께서는 그들에게 또 비유를 말씀하셨다. "새 옷에서 한 조각을 떼어내서,
낡은 옷에다가 대고 깁는 사람은 없다. 그렇게 하면, 그 새 옷은 찢어져서
못 쓰게 되고, 또 새 옷에서 떼어낸 조각은 낡은 옷에 어울리지도 않을 것이다."

누가복음 5:37 새 포도주를 낡은 가죽 부대에 넣는 자가 없나니 만일 그렇게 하면
새 포도주가 부대를 터뜨려 포도주가 쏟아지고 부대도 못쓰게 되리라

새번역 새 포도주를 낡은 가죽 부대에다가 넣는 사람은 없다.
그렇게 하면, 새 포도주가 그 가죽 부대를 터뜨릴 것이며,
그래서 포도주는 쏟아지고 가죽 부대는 못 쓰게 될 것이다.

마태복음 9:15

누가복음 5:36

누가복음 5:37

∝ 오래된 병을 고치시다

요한복음 5:6   예수께서 그 누운 것을 보시고 병이 벌써 오래된
줄 아시고 이르시되 네가 낫고자 하느냐

새번역 예수께서 누워 있는 그 사람을 보시고, 또 이미 오랜 세월을 그렇게
보내고 있는 것을 아시고는 물으셨다. "낫고 싶으냐?"

요한복음 5:14   그 후에 예수께서 성전에서 그 사람을 만나 이르시되 보라
네가 나았으니 더 심한 것이 생기지 않게 다시는 죄를 범하지 말라

새번역 그 뒤에 예수께서 성전에서 그 사람을 만나서 말씀하셨다.
"보아라. 네가 말끔히 나았다. 다시는 죄를 짓지 말아라.
그리하여 더 나쁜 일이 너에게 생기지 않도록 하여라."

∝ 아들의 권한

요한복음 5:29   선한 일을 행한 자는 생명의 부활로,
악한 일을 행한 자는 심판의 부활로 나오리라

새번역 선한 일을 한 사람들은 부활하여 생명을 얻고,
악한 일을 한 사람들은 부활하여 심판을 받는다.

∝ 안식일에 밀 이삭을 자르다

마태복음 12:8   인자는 안식일의 주인이니라

새번역 인자는 안식일의 주인이다.

요한복음 5:6

요한복음 5:14

요한복음 5:29

마태복음 12:28

마태복음 5:3   심령이 가난한 자는 복이 있나니 천국이 그들의 것임이요

       새번역 마음이 가난한 사람은 복이 있다. 하늘나라가 그들의 것이다.

마태복음 5:4   애통하는 자는 복이 있나니 그들이 위로를 받을 것임이요

       새번역 슬퍼하는 사람은 복이 있다. 하나님이 그들을 위로하실 것이다.

마태복음 5:5   온유한 자는 복이 있나니 그들이 땅을 기업으로 받을 것임이요

       새번역 온유한 사람은 복이 있다. 그들이 땅을 차지할 것이다.

마태복음 5:6   의에 주리고 목마른 자는 복이 있나니 그들이 배부를 것임이요

       새번역 의에 주리고 목마른 사람은 복이 있다. 그들이 배부를 것이다.

✒ 묵상하기

마태복음 5장의 산상수훈은 왕이신 예수님의 사역이 시작됨을 알립니다. 여기서 말하는 '복'은 일시적이거나 상대적인 행복한 감정이 아니라, 하나님 나라에 속한 사람의 지속적인 상태를 일컫습니다. 천국은 보상이 아니라 선물입니다. '심령이 가난한 자' '애통하는 자' '온유한 자' '의에 주리고 목마른 자' '긍휼히 여기는 자' '마음이 청결한 자' '화평하게 하는 자' '의를 위하여 박해를 받은 자' 이러한 특징을 가진 사람들은 이미 하나님 나라의 시민이 되는 복을 받았다는 것입니다.

예수를 쓰다
1부 사역을 시작하시다

마태복음 5:7 궁휼히 여기는 자는 복이 있나니 그들이 긍휼히 여김을 받을 것임이요

새번역 자비한 사람은 복이 있다. 하나님이 그들을 자비롭게 대하실 것이다.

마태복음 5:8 마음이 청결한 자는 복이 있나니 그들이 하나님을 볼 것임이요

새번역 마음이 깨끗한 사람은 복이 있다. 그들이 하나님을 볼 것이다.

마태복음 5:9 화평하게 하는 자는 복이 있나니
그들이 하나님의 아들이라 일컬음을 받을 것임이요

새번역 평화를 이루는 사람은 복이 있다. 하나님이 그들을 자기의 자녀라고 부르실 것이다.

마태복음 5:10 의를 위하여 박해를 받은 자는 복이 있나니 천국이 그들의 것임이라

새번역 의를 위하여 박해를 받은 사람은 복이 있다. 하늘나라가 그들의 것이다.

마태복음 5:11 나로 말미암아 너희를 욕하고 박해하고 거짓으로 너희를 거슬러
모든 악한 말을 할 때에는 너희에게 복이 있나니

새번역 너희가 나 때문에 모욕을 당하고, 박해를 받고, 터무니없는
말로 온갖 비난을 받으면, 복이 있다.

마태복음 5:7

마태복음 5:8

예수를 쓰다

마태복음 5:9

마태복음 5:10

마태복음 5:11

마태복음 5:12　기뻐하고 즐거워하라 하늘에서 너희의 상이 큼이라
　　　　　　너희 전에 있던 선지자들도 이같이 박해하였느니라

　　　새번역　너희는 기뻐하고 즐거워하여라. 하늘에서 받을 너희의 상이 크기
　　　　　　때문이다. 너희보다 먼저 온 예언자들도 이와 같이 박해를 받았다.

∝ 세상의 소금과 빛

마태복음 5:13　너희는 세상의 소금이니 소금이 만일 그 맛을 잃으면 무엇으로 짜게
　　　　　　하리요 후에는 아무 쓸데없어 다만 밖에 버려져 사람에게 밟힐 뿐이니라

　　　새번역　너희는 세상의 소금이다. 소금이 짠 맛을 잃으면, 무엇으로
　　　　　　그 짠 맛을 되찾게 하겠느냐? 짠 맛을 잃은 소금은 아무데도
　　　　　　쓸 데가 없으므로, 바깥에 내버려서 사람들이 짓밟을 뿐이다.

∝ 율법에 대한 교훈

마태복음 5:17　내가 율법이나 선지자를 폐하러 온 줄로 생각하지 말라
　　　　　　폐하러 온 것이 아니요 완전하게 하려 함이라

　　　새번역　내가 율법이나 예언자들의 말을 폐하러 온 줄로 생각하지
　　　　　　말아라. 폐하러 온 것이 아니라, 완성하러 왔다.

마태복음 5:18　진실로 너희에게 이르노니 천지가 없어지기 전에는
　　　　　　율법의 일점일획도 결코 없어지지 아니하고 다 이루리라

　　　새번역　내가 진정으로 너희에게 말한다. 천지가 없어지기 전에는
　　　　　　율법은 일점일획도 없어지지 않고, 다 이루어질 것이다.

마태복음 5:12

마태복음 5:13

마태복음 5:17

마태복음 5:18

마태복음 5:19 그러므로 누구든지 이 계명 중의 지극히 작은 것 하나라도 버리고
또 그같이 사람을 가르치는 자는 천국에서 지극히 작다
일컬음을 받을 것이요 누구든지 이를 행하며 가르치는 자는
천국에서 크다 일컬음을 받으리라

새번역 그러므로 누구든지 이 계명 가운데 아주 작은 것 하나라도 어기고 사람들을 그렇게
가르치는 사람은, 하늘나라에서 아주 작은 사람으로 일컬어질 것이요, 또 누구든지
계명을 행하며 가르치는 사람은, 하늘나라에서 큰 사람이라고 일컬어질 것이다.

마태복음 5:20 내가 너희에게 이르노니 너희 의가 서기관과 바리새인보다
더 낫지 못하면 결코 천국에 들어가지 못하리라

새번역 내가 너희에게 말한다. 너희의 의가 율법학자들과 바리새파 사람들의
의보다 낫지 않으면, 너희는 하늘나라에 들어가지 못할 것이다.

∝ 노하지 말라
마태복음 5:22 나는 너희에게 이르노니 형제에게 노하는 자마다 심판을 받게 되고
형제를 대하여 라가라 하는 자는 공회에 잡혀가게 되고
미련한 놈이라 하는 자는 지옥 불에 들어가게 되리라

새번역 그러나 나는 너희에게 말한다. 자기 형제나 자매에게 성내는 사람은, 누구나
심판을 받는다. 자기 형제나 자매에게 얼간이라고 말하는 사람은, 누구나 공의회에
불려갈 것이요, 또 바보라고 말하는 사람은 지옥 불 속에 던져질 것이다.

마태복음 5:19

마태복음 5:20

마태복음 5:22

마태복음 5:23   그러므로 예물을 제단에 드리려다가 거기서 네 형제에게
원망 들을 만한 일이 있는 것이 생각나거든

새번역 그러므로 네가 제단에 제물을 드리려고 하다가, 네 형제나 자매가
네게 어떤 원한을 품고 있다는 생각이 나거든,

마태복음 5:24   예물을 제단 앞에 두고 먼저 가서 형제와 화목하고
그 후에 와서 예물을 드리라

새번역 너는 그 제물을 제단 앞에 놓아두고, 먼저 가서 네 형제나 자매와
화해하여라. 그런 다음에 돌아와서 제물을 드려라.

∝ 간음하지 말라
마태복음 5:28   나는 너희에게 이르노니 음욕을 품고
여자를 보는 자마다 마음에 이미 간음하였느니라

새번역 그러나 나는 너희에게 말한다. 여자를 보고 음욕을 품는
사람은 이미 마음으로 그 여자를 범하였다.

∝ 맹세하지 말라
마태복음 5:34   나는 너희에게 이르노니 도무지 맹세하지 말지니
하늘로도 하지 말라 이는 하나님의 보좌임이요

새번역 그러나 나는 너희에게 말한다. 아예 맹세하지 말아라. 하늘을 두고도
맹세하지 말아라. 그것은 하나님의 보좌이기 때문이다.

마태복음 5:23

마태복음 5:24

마태복음 5:25

마태복음 5:26

∝ 원수를 사랑하라

누가복음 6:27 그러나 너희 듣는 자에게 내가 이르노니
너희 원수를 사랑하며 너희를 미워하는 자를 선대하며

새번역 그러나 내 말을 듣고 있는 너희에게 내가 말한다. 너희의 원수를
사랑하여라. 너희를 미워하는 사람들에게 잘 해 주고,

누가복음 6:28 너희를 저주하는 자를 위하여 축복하며
너희를 모욕하는 자를 위하여 기도하라

새번역 너희를 저주하는 사람들을 축복하고,
너희를 모욕하는 사람들을 위하여 기도하여라.

누가복음 6:31 남에게 대접을 받고자 하는 대로 너희도 남을 대접하라

새번역 너희는 남에게 대접을 받고자 하는 대로 남을 대접하여라.

누가복음 6:35 오직 너희는 원수를 사랑하고 선대하며 아무것도 바라지 말고
꾸어 주라 그리하면 너희 상이 클 것이요 또 지극히 높으신 이의
아들이 되리니 그는 은혜를 모르는 자와 악한 자에게도 인자하시니라

새번역 그러나 너희는 너희 원수를 사랑하고, 좋게 대하여 주고, 또 아무것도 바라지 말고
꾸어 주어라. 그리하면 너희는 큰 상을 받을 것이요, 더없이 높으신 분의 아들이
될 것이다. 그분은 은혜를 모르는 사람들과 악한 사람들에게도 인자하시다.

누가복음 1:47

누가복음 1:52

누가복음 1:71

누가복음 1:75

누가복음 6:36   **너희 아버지의 자비로우심같이 너희도 자비로운 자가 되라**

새번역 너희의 아버지께서 자비로우신 것같이, 너희도 자비로운 사람이 되어라.

마태복음 5:45   **이같이 한즉 하늘에 계신 너희 아버지의 아들이 되리니**
이는 하나님이 그 해를 악인과 선인에게 비추시며
비를 의로운 자와 불의한 자에게 내려주심이라

새번역 그래야만 너희가 하늘에 계신 너희 아버지의 자녀가 될 것이다. 아버지께서는,
악한 사람에게나 선한 사람에게나 똑같이 해를 떠오르게 하시고,
의로운 사람에게나 불의한 사람에게나 똑같이 비를 내려주신다.

마태복음 5:48   **그러므로 하늘에 계신 너희 아버지의 온전하심과 같이 너희도 온전하라**

새번역 그러므로 하늘에 계신 너희 아버지께서 완전하신 것같이, 너희도 완전하여라

묵상하기

산상수훈은 그저 어떤 행동이 올바른지를 가르쳐주는 본문이 아니다. 산상수훈에서 우리는
사랑을 보여주시고 죽으신 예수님 안에 살아계신 하나님을 발견하고, 그 사랑을 참으로 절
실하게 필요로 하는 이 세상에 우리가 직접 그 사랑을 나타내는 법을 배운다.

_『모든 사람을 위한 마태복음』(톰 라이트, IVP) 마태복음 5장 38-48절 중에서

⚿ 구제함을 은밀하게 하라

마태복음 6:3　너는 구제할 때에 오른손이 하는 것을 왼손이 모르게 하여

　　　　　새번역 너는 자선을 베풀 때에는, 오른손이 하는 일을 왼손이 모르게 하여,

마태복음 6:4　네 구제함을 은밀하게 하라

　　　　　은밀한 중에 보시는 너의 아버지께서 갚으시리라

　　　　　새번역 네 자선 행위를 숨겨두어라. 그리하면, 남모르게 숨어서
　　　　　　　　보시는 네 아버지께서 너에게 갚아 주실 것이다.

⚿ 예수께서 가르치신 기도

마태복음 6:9　그러므로 너희는 이렇게 기도하라

　　　　　하늘에 계신 우리 아버지여 이름이 거룩히 여김을 받으시오며

　　　　　새번역 그러므로 너희는 이렇게 기도하여라. 하늘에 계신
　　　　　　　　우리 아버지, 그 이름을 거룩하게 하여 주시며,

마태복음 6:10　나라가 임하시오며 뜻이 하늘에서 이루어진 것같이

　　　　　땅에서도 이루어지이다

　　　　　새번역 그 나라를 오게 하여 주시며, 그 뜻을 하늘에서 이루심같이,
　　　　　　　　땅에서도 이루어 주십시오.

마태복음 6:3

마태복음 6:4

예수를 쓰다

마태복음 6:9

마태복음 6:10

마태복음 6:11　오늘 우리에게 일용할 양식을 주시옵고

　　　새번역 오늘 우리에게 필요한 양식을 내려 주시고,

마태복음 6:12　우리가 우리에게 죄 지은 자를 사하여 준 것같이

　　　　　　　우리 죄를 사하여 주시옵고

　　　새번역 우리가 우리에게 죄 지은 사람을 용서하여 준 것같이

　　　　　　우리의 죄를 용서하여 주시고,

마태복음 6:13　우리를 시험에 들게 하지 마시옵고 다만 악에서 구하시옵소서

　　　　　　　(나라와 권세와 영광이 아버지께 영원히 있사옵나이다 아멘)

　　　새번역 우리를 시험에 들지 않게 하시고, 악에서 구하여 주십시오.

　　　　　　[나라와 권세와 영광은 영원히 아버지의 것입니다. 아멘.]

✒ 묵상하기

예수님이 제자들에게 가르쳐주신 주기도문은 그리스도인이 무엇을 소망하며 살아가야 하는지를 보여줍니다. 주님이 가르치신 주의 기도는 6개의 간구로 구성되어 있습니다. 앞의 3개의 간구는 하나님에 대한 것을 구하는 것이고, 뒤의 3개의 간구는 우리에게 필요한 것을 구하는 것입니다. 이 순서는 우리에게 우선순위를 알려줍니다. 하나님의 것을 먼저 구하고, 그다음 우리의 것을 구하는 우선순위를 말입니다.

∝ 보물을 하늘에 쌓아 두라

마태복음 6:20 오직 너희를 위하여 보물을 하늘에 쌓아 두라 거기는 좀이나 동록이
해하지 못하며 도둑이 구멍을 뚫지도 못하고 도둑질도 못하느니라

새번역 그러므로 너희를 위하여 보물을 하늘에 쌓아 두어라. 거기에는 좀이 먹고
녹이 슬어서 망가지는 일이 없고, 도둑들이 뚫고 들어와서 훔쳐 가지도 못한다.

마태복음 6:21 네 보물 있는 그 곳에는 네 마음도 있느니라

새번역 너의 보물이 있는 곳에, 너의 마음도 있을 것이다.

마태복음 6:24 한 사람이 두 주인을 섬기지 못할 것이니 혹 이를 미워하고
저를 사랑하거나 혹 이를 중히 여기고 저를 경히 여김이라
너희가 하나님과 재물을 겸하여 섬기지 못하느니라

새번역 아무도 두 주인을 섬기지 못한다. 한쪽을 미워하고 다른 쪽을
사랑하거나, 한쪽을 중히 여기고 다른 쪽을 업신여길 것이다.
너희는 하나님과 재물을 아울러 섬길 수 없다.

∝ 걱정하지 말라

마태복음 6:25 그러므로 내가 너희에게 이르노니 목숨을 위하여 무엇을 먹을까
무엇을 마실까 몸을 위하여 무엇을 입을까 염려하지 말라
목숨이 음식보다 중하지 아니하며 몸이 의복보다 중하지 아니하냐

새번역 그러므로 내가 너희에게 말한다. 목숨을 부지하려고 무엇을 먹을까 또는
무엇을 마실까 걱정하지 말고, 몸을 감싸려고 무엇을 입을까 걱정하지 말아라.
목숨이 음식보다 소중하지 아니하냐? 몸이 옷보다 소중하지 아니하냐?

마태복음 6:20

마태복음 6:21

마태복음 6:24

마태복음 6:25

마태복음 6:26 　공중의 새를 보라 심지도 않고 거두지도 않고
　　　　　　　 창고에 모아들이지도 아니하되 너희 하늘 아버지께서 기르시나니
　　　　　　　 너희는 이것들보다 귀하지 아니하냐

　　　　　　　 새번역　공중의 새를 보아라. 씨를 뿌리지도 않고, 거두지도 않고,
　　　　　　　　　　　 곳간에 모아들이지도 않으나, 너희의 하늘 아버지께서
　　　　　　　　　　　 그것들을 먹이신다. 너희는 새보다 귀하지 아니하냐?

마태복음 6:27 　너희 중에 누가 염려함으로 그 키를 한 자라도 더할 수 있겠느냐

　　　　　　　 새번역　너희 가운데서 누가, 걱정을 해서, 자기 수명을 한순간인들 늘일 수 있느냐?

마태복음 6:33 　그런즉 너희는 먼저 그의 나라와 그의 의를 구하라
　　　　　　　 그리하면 이 모든 것을 너희에게 더하시리라

　　　　　　　 새번역　너희는 먼저 하나님의 나라와 하나님의 의를 구하여라.
　　　　　　　　　　　 그리하면 이 모든 것을 너희에게 더하여 주실 것이다.

마태복음 6:34 　그러므로 내일 일을 위하여 염려하지 말라 내일 일은
　　　　　　　 내일이 염려할 것이요 한 날의 괴로움은 그 날로 족하니라

　　　　　　　 새번역　그러므로 내일 일을 걱정하지 말아라. 내일 걱정은 내일이 맡아서
　　　　　　　　　　　 할 것이다. 한 날의 괴로움은 그 날에 겪는 것으로 족하다.

마태복음 6:26

마태복음 6:27

마태복음 6:33

마태복음 6:34

∽ 비판하지 말라

누가복음 6:37   비판하지 말라 그리하면 너희가 비판을 받지 않을 것이요

정죄하지 말라 그리하면 너희가 정죄를 받지 않을 것이요

용서하라 그리하면 너희가 용서를 받을 것이요

새번역 남을 심판하지 말아라. 그리하면 하나님께서도 너희를 심판하지 않으실 것이다.

남을 정죄하지 말아라. 그리하면 하나님께서도 너희를 정죄하지 않으실 것이다.

남을 용서하여라. 그리하면 하나님께서도 너희를 용서하실 것이다.

누가복음 6:38   주라 그리하면 너희에게 줄 것이니 곧 후히 되어 누르고

흔들어 넘치도록 하여 너희에게 안겨 주리라 너희가 헤아리는

그 헤아림으로 너희도 헤아림을 도로 받을 것이니라

새번역 남에게 주어라. 그리하면 하나님께서도 너희에게 주실 것이니, 되를

누르고 흔들어서, 넘치도록 후하게 되어서, 너희 품에 안겨 주실 것이다.

너희가 되질하여 주는 그 되로 너희에게 도로 되어서 주실 것이다.

∽ 좁은 문

마태복음 7:13   좁은 문으로 들어가라 멸망으로 인도하는 문은 크고

그 길이 넓어 그리로 들어가는 자가 많고

새번역 좁은 문으로 들어가거라. 멸망으로 이끄는 문은 넓고,

그 길이 널찍하여서, 그리로 들어가는 사람이 많다.

마태복음 7:14   생명으로 인도하는 문은 좁고 길이 협착하여 찾는 자가 적음이라

새번역 생명으로 이끄는 문은 너무나도 좁고, 그 길이 비좁아서, 그것을 찾는 사람이 적다.

누가복음 6:37

누가복음 6:38

마태복음 7:14

마태복음 7:1

∞ 열매로 그들을 알리라

마태복음 7:16 그들의 열매로 그들을 알지니 가시나무에서 포도를,
또는 엉겅퀴에서 무화과를 따겠느냐

> **새번역** 너희는 그 열매를 보고 그들을 알아야 한다. 가시나무에서 어떻게
> 포도를 따며, 엉겅퀴에서 어떻게 무화과를 딸 수 있겠느냐?

마태복음 7:17 이와 같이 좋은 나무마다 아름다운 열매를 맺고
못된 나무가 나쁜 열매를 맺나니

> **새번역** 이와 같이, 좋은 나무는 좋은 열매를 맺고, 나쁜 나무는 나쁜 열매를 맺는다.

마태복음 7:21 나더러 주여 주여 하는 자마다 다 천국에 들어갈 것이 아니요
다만 하늘에 계신 내 아버지의 뜻대로 행하는 자라야 들어가리라

> **새번역** 나더러 '주님, 주님' 하는 사람이라고 해서, 다 하늘나라에 들어가는 것이
> 아니다. 하늘에 계신 내 아버지의 뜻을 행하는 사람이라야 들어간다.

묵상하기

카리스마에 감동할 것이 아니라 성품을 보아라. 중요한 것은 설교자들의 말이 아니라 그들의 됨됨이다. …암호를 정확히 안다고 해서, 예컨대 '주님, 주님' 한다고 해서 너희가 나 있는 곳 어디든지 올 수 있는 것은 아니다. 정말 필요한 것은, 진지한 순종이다. 내 아버지의 뜻대로 행하는 것이다.

『메시지 신약』(유진 피터슨, 복있는사람) 마태복음 7장 15-20, 21절 중에서

마태복음 7:16

_____

_____

마태복음 7:17

_____

_____

마태복음 7:21

_____

_____

_____

모래 위에 지은 집과 반석 위에 지은 집

마태복음 7:24 그러므로 누구든지 나의 이 말을 듣고 행하는 자는
그 집을 반석 위에 지은 지혜로운 사람 같으리니

새번역 그러므로 내 말을 듣고 그대로 행하는 사람은, 반석 위에다
자기 집을 지은, 슬기로운 사람과 같다고 할 것이다.

마태복음 7:25 비가 내리고 창수가 나고 바람이 불어 그 집에 부딪치되
무너지지 아니하나니 이는 주추를 반석 위에 놓은 까닭이요

새번역 비가 내리고, 홍수가 나고, 바람이 불어서, 그 집에 들이쳤지만,
무너지지 않았다. 그 집을 반석 위에 세웠기 때문이다.

마태복음 7:26 나의 이 말을 듣고 행하지 아니하는 자는
그 집을 모래 위에 지은 어리석은 사람 같으리니

새번역 그러나 나의 이 말을 듣고서도 그대로 행하지 않는 사람은, 모래 위에
자기 집을 지은, 어리석은 사람과 같다고 할 것이다.

마태복음 7:27 비가 내리고 창수가 나고 바람이 불어
그 집에 부딪치매 무너져 그 무너짐이 심하니라

새번역 비가 내리고, 홍수가 나고, 바람이 불어서, 그 집에 들이치니,
무너졌다. 그리고 그 무너짐이 엄청났다.

마태복음 7:24

마태복음 7:25

마태복음 7:26

마태복음 7:27

마태복음 8:10   예수께서 들으시고 놀랍게 여겨 따르는 자들에게
이르시되 내가 진실로 너희에게 이르노니 이스라엘 중
아무에게서도 이만한 믿음을 보지 못하였노라

새번역 예수께서 이 말을 들으시고, 놀랍게 여기셔서, 따라오는 사람들에게
말씀하셨다. "내가 진정으로 너희에게 말한다. 나는 지금까지 이스라엘
사람 가운데서 아무에게서도 이런 믿음을 본 일이 없다."

마태복음 8:13   예수께서 백부장에게 이르시되 가라 네 믿은 대로
될지어다 하시니 그 즉시 하인이 나으니라

새번역 그리고 예수께서 백부장에게 "가거라. 네가 믿은 대로 될 것이다."
하고 말씀하셨다. 바로 그 시각에 그 종이 나았다.

∝ **세례 요한에 대해 말씀하시다**

마태복음 11:11   내가 진실로 너희에게 말하노니 여자가 낳은 자 중에
세례 요한보다 큰 이가 일어남이 없도다
그러나 천국에서는 극히 작은 자라도 그보다 크니라

새번역 내가 진정으로 너희에게 말한다. 여자가 낳은 사람 가운데서 세례자 요한보다 더
큰 인물은 없었다. 그런데 하늘나라에서는 아무리 작은 이라도 요한보다 더 크다.

마태복음 11:12   세례 요한의 때부터 지금까지 천국은
침노를 당하나니 침노하는 자는 빼앗느니라

새번역 세례자 요한 때로부터 지금까지, 하늘나라는 힘을 떨치고
있다. 그리고 힘을 쓰는 사람들이 그것을 차지한다.

마태복음 8:10

마태복음 8:13

마태복음 11:11

마태복음 11:12

마태복음 11:17 이르되 우리가 너희를 향하여 피리를 불어도 너희가 춤추지 않고
우리가 슬피 울어도 너희가 가슴을 치지 아니하였다 함과 같도다

새번역 '우리가 너희에게 피리를 불어도 너희는 춤을 추지 않았고,
우리가 곡을 해도, 너희는 울지 않았다.'

마태복음 11:19 인자는 와서 먹고 마시매 말하기를 보라 먹기를 탐하고
포도주를 즐기는 사람이요 세리와 죄인의 친구로다 하니
지혜는 그 행한 일로 인하여 옳다 함을 얻느니라

새번역 인자는 와서, 먹기도 하고 마시기도 하니, 그들이 말하기를 '보아라,
저 사람은 마구 먹어대는 자요, 포도주를 마시는 자요, 세리와 죄인의
친구다' 한다. 그러나 지혜는 그 한 일로 옳다는 것이 입증되었다.

∝ 한 여자가 예수께 향유를 붓다

누가복음 7:41 이르시되 빚 주는 사람에게 빚진 자가 둘이 있어
하나는 오백 데나리온을 졌고 하나는 오십 데나리온을 졌는데

새번역 어떤 돈놀이꾼에게 빚진 사람 둘이 있었는데, 한 사람은 오백
데나리온을 빚지고, 또 한 사람은 오십 데나리온을 빚졌다.

누가복음 7:42 갚을 것이 없으므로 둘 다 탕감하여 주었으니
둘 중에 누가 그를 더 사랑하겠느냐

새번역 둘이 다 갚을 길이 없으므로, 돈놀이꾼은 둘에게 빚을 없애주었다.
그러면 그 두 사람 가운데서 누가 그를 더 사랑하겠느냐?

마태복음 11:17

마태복음 11:19

누가복음 7:31

누가복음 7:32

누가복음 7:43 　시몬이 대답하여 이르되 내 생각에는 많이 탕감함을
　　　　　　받은 자니이다 이르시되 네 판단이 옳다 하시고

　　　　　새번역 시몬이 대답하였다. "더 많이 빚을 없애준 사람이라고 생각합니다."
　　　　　　예수께서 그에게 말씀하셨다. "네 판단이 옳다."

누가복음 7:47 　이러므로 내가 네게 말하노니 그의 많은 죄가 사하여졌도다 이는
　　　　　　그의 사랑함이 많음이라 사함을 받은 일이 적은 자는 적게 사랑하느니라

　　　　　새번역 그러므로 내가 네게 말한다. 이 여자는 그 많은 죄를 용서받았다. 그것은 그가
　　　　　　많이 사랑하였기 때문이다. 용서받는 것이 적은 사람은 적게 사랑한다.

∝ **예수와 바알세불**

마태복음 12:31 　그러므로 내가 너희에게 이르노니 사람에 대한 모든 죄와 모독은
　　　　　　사하심을 얻되 성령을 모독하는 것은 사하심을 얻지 못하겠고

　　　　　새번역 그러므로 내가 너희에게 말한다. 사람들이 무슨 죄를 짓든지,
　　　　　　무슨 신성 모독적인 말을 하든지, 그들은 용서를 받을 것이다.
　　　　　　그러나 성령을 모독하는 것은 용서를 받지 못할 것이다.

마태복음 12:32 　또 누구든지 말로 인자를 거역하면 사하심을 얻되 누구든지 말로
　　　　　　성령을 거역하면 이 세상과 오는 세상에서도 사하심을 얻지 못하리라

　　　　　새번역 또 누구든지 인자를 거슬러 말하는 사람은 용서를 받겠으나, 성령을 거슬러
　　　　　　말하는 사람은, 이 세상에서도 오는 세상에서도, 용서를 받지 못할 것이다.

누가복음 7:43

누가복음 7:47

마태복음 12:31

마태복음 12:32

마태복음 12:35 　선한 사람은 그 쌓은 선에서 선한 것을 내고
　　　　　　　악한 사람은 그 쌓은 악에서 악한 것을 내느니라

　　　　　　새번역 선한 사람은 선한 것을 쌓아 두었다가 선한 것을 내고,
　　　　　　　　　 악한 사람은 악한 것을 쌓아두었다가 악한 것을 낸다.

∞ 악한 세대가 표적을 구하나

마태복음 12:39 　예수께서 대답하여 이르시되 악하고 음란한 세대가 표적을 구하나
　　　　　　　선지자 요나의 표적밖에는 보일 표적이 없느니라

　　　　　　새번역 예수께서 그들에게 말씀하셨다. "악하고, 음란한 세대가 표징을 요구하지만,
　　　　　　　　　 예언자 요나의 표징밖에는, 이 세대는 아무 표징도 받지 못할 것이다."

∞ 참으로 두려워할 분을 두려워하라

누가복음 12:4 　내가 내 친구 너희에게 말하노니 몸을 죽이고
　　　　　　　그 후에는 능히 더 못하는 자들을 두려워하지 말라

　　　　　　새번역 내 친구인 너희에게 내가 말한다. 육신은 죽여도 그 다음에는
　　　　　　　　　 그 이상 아무것도 할 수 없는 자들을 두려워하지 말아라.

누가복음 12:7 　너희에게는 심지어 머리털까지도 다 세신 바 되었나니
　　　　　　　두려워하지 말라 너희는 많은 참새보다 더 귀하니라

　　　　　　새번역 하나님께서는 너희 머리카락까지도 다 세고 계신다.
　　　　　　　　　 두려워하지 말아라. 너희는 많은 참새보다 더 귀하다.

마태복음

마태복음

누가복음

누가복음

누가복음 12:8 　내가 또한 너희에게 말하노니 누구든지 사람 앞에서
　　　　　　나를 시인하면 인자도 하나님의 사자들 앞에서 그를 시인할 것이요

　　　　새번역 내가 너희에게 말한다. 누구든지 사람들 앞에서 나를 시인하면,
　　　　　　인자도 하나님의 천사들 앞에서 그 사람을 시인할 것이다.

∞ 어리석은 부자의 비유

누가복음 12:15 　그들에게 이르시되 삼가 모든 탐심을 물리치라
　　　　　　사람의 생명이 그 소유의 넉넉한 데 있지 아니하니라

　　　　새번역 그리고 사람들에게 말씀하셨다. "너희는 조심하여, 온갖 탐욕을 멀리하여라.
　　　　　　재산이 차고 넘치더라도, 사람의 생명은 거기에 달려 있지 않다."

∞ 씨 뿌리는 사람의 비유를 설명하시다

마태복음 13:18 　그런즉 씨 뿌리는 비유를 들으라

　　　　새번역 너희는 이제 씨를 뿌리는 사람의 비유가 무슨 뜻을 지녔는지를 들어라.

마태복음 13:19 　아무나 천국 말씀을 듣고 깨닫지 못할 때는 악한 자가 와서
　　　　　　그 마음에 뿌려진 것을 빼앗나니 이는 곧 길가에 뿌려진 자요

　　　　새번역 누구든지 하늘나라를 두고 하는 말씀을 듣고도 깨닫지 못하면,
　　　　　　악한 자가 와서, 그 마음에 뿌려진 것을 빼앗아 간다.
　　　　　　길가에 뿌린 씨는 그런 사람을 두고 하는 말이다.

마태복음 13:20 **돌밭에 뿌려졌다는 것은 말씀을 듣고 즉시 기쁨으로 받되**

새번역 또 돌짝밭에 뿌린 씨는 이런 사람이다.
그는 말씀을 듣고, 곧 기쁘게 받아들이기는 하지만,

마태복음 13:21 **그 속에 뿌리가 없어 잠시 견디다가 말씀으로 말미암아**
환난이나 박해가 일어날 때에는 곧 넘어지는 자요

새번역 그 속에 뿌리가 없어서 오래 가지 못하고, 말씀 때문에
환난이나 박해가 일어나면, 곧 걸려 넘어진다.

마태복음 13:22 **가시떨기에 뿌려졌다는 것은 말씀을 들으나 세상의 염려와**
재물의 유혹에 말씀이 막혀 결실하지 못하는 자요

새번역 또 가시덤불 속에 뿌린 씨는 이런 사람이다. 그는 말씀을 듣기는 하지만,
세상의 염려와 재물의 유혹이 말씀을 막아, 열매를 맺지 못한다.

✒ 묵상하기

예수님은 비유를 즐겨 사용하셨습니다. 비유를 통해 전달하고자 하는 메시지를 분명하게 드러내셨지요. 비유는 유대인들에게 익숙했던 것으로, 어려운 내용을 쉽게 설명하기 위해 사용된 방법이었습니다. 그러나 우리에게 비유가 어려운 이유는 예수님의 비유를 실제로 듣고 즉시 이해했던 사람들(원청자)이 누구인지, 또 그 사람들이 이해했던 맥락(배경)이 무엇인지를 모르기 때문입니다. 그래서 예수님이 비유로 말씀하셨던 시대의 풍습과 관습과 문화적 배경을 아는 것이 선행되어야 합니다.

마태복음 13:23 좋은 땅에 뿌려졌다는 것은 말씀을 듣고 깨닫는 자니
결실하여 어떤 것은 백 배, 어떤 것은 육십 배,
어떤 것은 삼십 배가 되느니라 하시더라

새번역 그런데 좋은 땅에 뿌린 씨는 말씀을 듣고서 깨닫는 사람을 두고 하는 말인데,
이 사람이야말로 열매를 맺되, 백 배 혹은 육십 배 혹은 삼십 배의 결실을 낸다.

∝ 겨자 씨와 누룩 비유

마태복음 13:31 또 비유를 들어 이르시되 천국은 마치
사람이 자기 밭에 갖다 심은 겨자씨 한 알 같으니

새번역 예수께서 또 다른 비유를 들어서, 그들에게 말씀하셨다. "하늘나라는
겨자씨와 같다. 어떤 사람이 그것을 가져다가, 자기 밭에 심었다."

마태복음 13:32 이는 모든 씨보다 작은 것이로되 자란 후에는 풀보다 커서
나무가 되매 공중의 새들이 와서 그 가지에 깃들이느니라

새번역 겨자씨는 어떤 씨보다 더 작은 것이지만, 자라면 어떤 풀보다 더 커져서
나무가 된다. 그리하여 공중의 새들이 와서, 그 가지에 깃들인다.

마태복음 13:33 또 비유로 말씀하시되 천국은 마치 여자가 가루 서 말 속에
갖다 넣어 전부 부풀게 한 누룩과 같으니라

새번역 예수께서 또 다른 비유를 그들에게 말씀하셨다. "하늘나라는
누룩과 같다. 어떤 여자가 그것을 가져다가, 가루 서 말 속에
살짝 섞어 넣으니, 마침내 온통 부풀어 올랐다."

마태복음 13:23

마태복음 13:31

마태복음 13:32

마태복음 13:33

○ 세 가지 비유

마태복음 13:44 천국은 마치 밭에 감추인 보화와 같으니 사람이 이를 발견한 후
숨겨 두고 기뻐하며 돌아가서 자기의 소유를 다 팔아 그 밭을 사느니라

새번역 하늘나라는, 밭에 숨겨 놓은 보물과 같다. 어떤 사람이 그것을 발견하면, 제자리에
숨겨 두고, 기뻐하며 집에 돌아가서는, 가진 것을 다 팔아서 그 밭을 산다.

마태복음 13:45 또 천국은 마치 좋은 진주를 구하는 장사와 같으니

새번역 또 하늘나라는, 좋은 진주를 구하는 상인과 같다.

마태복음 13:46 극히 값진 진주 하나를 발견하매 가서
자기의 소유를 다 팔아 그 진주를 사느니라

새번역 그가 값진 진주 하나를 발견하면, 가서, 가진 것을 다 팔아서 그것을 산다.

마태복음 13:47 또 천국은 마치 바다에 치고 각종 물고기를 모는 그물과 같으니

새번역 또 하늘나라는, 바다에 그물을 던져서 온갖 고기를 잡아 올리는 것과 같다.

마태복음 13:48 그물에 가득하매 물가로 끌어내고 앉아서
좋은 것은 그릇에 담고 못된 것은 내버리느니라

새번역 그물이 가득 차면, 해변에 끌어올려 놓고 앉아서,
좋은 것들은 그릇에 담고, 나쁜 것들은 내버린다.

마태복음 13:4

마태복음 13:5

마태복음 13:6

마태복음 13:7

마태복음 13:8

∽ **풍랑을 잔잔하게 하시다**

마가복음 4:39 예수께서 깨어 바람을 꾸짖으시며 바다더러 이르시되
잠잠하라 고요하라 하시니 바람이 그치고 아주 잔잔하여지더라

새번역 예수께서 일어나 바람을 꾸짖으시고, 바다더러 "고요하고,
잠잠하여라" 하고 말씀하시니, 바람이 그치고, 아주 고요해졌다.

∽ **야이로의 딸과 예수의 옷에 손을 댄 여자**

마가복음 5:30 예수께서 그 능력이 자기에게서 나간 줄을 곧 스스로 아시고
무리 가운데서 돌이켜 말씀하시되 누가 내 옷에 손을 대었느냐 하시니

새번역 예수께서는 곧 자기에게서 능력이 나간 것을 몸으로 느끼시고, 무리
가운데서 돌아서서 "누가 내 옷에 손을 대었느냐?" 하고 물으셨다.

마가복음 5:34 예수께서 이르시되 딸아 네 믿음이 너를 구원하였으니
평안히 가라 네 병에서 놓여 건강할지어다

새번역 그러자 예수께서 그 여자에게 말씀하셨다. "딸아, 네 믿음이 너를
구원하였다. 안심하고 가거라. 그리고 이 병에서 벗어나서 건강하여라."

마가복음 5:36 예수께서 그 하는 말을 곁에서 들으시고 회당장에게
이르시되 두려워하지 말고 믿기만 하라 하시고

새번역 예수께서 이 말을 곁에서 들으시고서, 회당장에게
말씀하셨다. "두려워하지 말고 믿기만 하여라."

76

마가복음 5:30

마가복음 5:30

마가복음 5:31

마가복음 5:36

마가복음 5:41   그 아이의 손을 잡고 이르시되 달리다굼 하시니 번역하면
곧 내가 네게 말하노니 소녀야 일어나라 하심이라

새번역 그리고 아이의 손을 잡으시고 말씀하셨다. "달리다굼!" (이는
번역하면 "소녀야, 내가 네게 말한다. 일어나거라" 하는 말이다.)

◁ 눈먼 자들이 고침을 받다

마태복음 9:28   예수께서 집에 들어가시매 맹인들이 그에게 나아오거늘
예수께서 이르시되 내가 능히 이 일 할 줄을 믿느냐
대답하되 주여 그러하오이다 하니

새번역 예수께서 집 안으로 들어가셨는데, 그 눈 먼 사람들이 그에게
나아왔다. 예수께서 그들에게 말씀하셨다. "너희는 내가 이 일을
할 수 있다고 믿느냐?" 그들이 "예, 주님!" 하고 대답하였다.

마태복음 9:29   이에 예수께서 그들의 눈을 만지시며
이르시되 너희 믿음대로 되라 하시니

새번역 예수께서 그들의 눈에 손을 대시고 말씀하셨다. "너희 믿음대로 되어라."

마태복음 9:30   그 눈들이 밝아진지라 예수께서 엄히 경고하시되
삼가 아무에게도 알리지 말라 하셨으나

새번역 그러자 그들의 눈이 열렸다. 예수께서 그들에게 엄중히
다짐하셨다. "이 일을 아무에게도 알리지 말아라."

마가복음 5:41

마태복음 11:28

마태복음 11:29

마태복음 11:30

∝ 열두 제자를 보내시다

마태복음 10:7　가면서 전파하여 말하되 천국이 가까이 왔다 하고

　　　　새번역 다니면서 '하늘나라가 가까이 왔다'고 선포하여라.

마태복음 10:8　병든 자를 고치며 죽은 자를 살리며 나병환자를 깨끗하게 하며
　　　　　　　　귀신을 쫓아내되 너희가 거저 받았으니 거저 주라

　　　　새번역 앓는 사람을 고쳐 주며, 죽은 사람을 살리며, 나병환자를 깨끗하게 하며,
　　　　　　　　귀신을 쫓아내어라. 거저 받았으니, 거저 주어라.

마태복음 10:16　보라 내가 너희를 보냄이 양을 이리 가운데로 보냄과 같도다
　　　　　　　　그러므로 너희는 뱀같이 지혜롭고 비둘기같이 순결하라

　　　　새번역 보아라, 내가 너희를 내보내는 것이, 마치 양을 이리 떼 가운데로 보내는 것과
　　　　　　　　같다. 그러므로 너희는 뱀과 같이 슬기롭고, 비둘기와 같이 순진해져라.

∝ 상을 받을 사람

마태복음 10:42　또 누구든지 제자의 이름으로 이 작은 자 중 하나에게
　　　　　　　　냉수 한 그릇이라도 주는 자는 내가 진실로 너희에게 이르노니
　　　　　　　　그 사람이 결단코 상을 잃지 아니하리라 하시니라

　　　　새번역 내가 진정으로 너희에게 말한다. 이 작은 사람들 가운데 하나에게, 내 제자라고
　　　　　　　　해서 냉수 한 그릇이라도 주는 사람은, 절대로 자기가 받을 상을 잃지 않을 것이다.

∝ 오천 명을 먹이시다

요한복음 6:10 　예수께서 이르시되 이 사람들로 앉게 하라 하시니 그 곳에
잔디가 많은지라 사람들이 앉으니 수가 오천 명쯤 되더라

새번역 예수께서는 "사람들을 앉게 하여라" 하고 말씀하셨다. 그 곳에는 풀이
많았다. 그래서 그들이 앉았는데, 남자의 수가 오천 명쯤 되었다.

요한복음 6:12 　그들이 배부른 후에 예수께서 제자들에게 이르시되
남은 조각을 거두고 버리는 것이 없게 하라 하시므로

새번역 그들이 배불리 먹은 뒤에, 예수께서 제자들에게 이렇게 말씀하셨다.
"남은 부스러기를 다 모으고, 조금도 버리지 말아라."

∝ 생명의 떡

요한복음 6:26 　예수께서 대답하여 이르시되 내가 진실로 진실로
너희에게 이르노니 너희가 나를 찾는 것은 표적을 본
까닭이 아니요 떡을 먹고 배부른 까닭이로다

새번역 예수께서 그들에게 대답하셨다. "내가 진정으로 진정으로 너희에게 말한다. 너희가
나를 찾는 것은 표징을 보았기 때문이 아니라, 빵을 먹고 배가 불렀기 때문이다."

🖋 묵상하기

오병이어 사건은 모세가 이끌던 광야시대의 '만나' 사건을 떠올리게 합니다(요 6:31). 5천 명의 남자들(여자와 아이를 포함하면 2만 명으로 추정되는 사람들)이 빵 다섯 덩어리와 물고기 두 마리로 충분히 먹고 열두 바구니가 남았습니다. 오병이어는 사복음서 모두 기록된 유일한 기적으로, 예수님이 어떤 분이신지를 명백히 보여주는 사건이며 또한 구약의 예언을 성취하시는 메시아임을 보여주는 사건입니다. 예수님은 인간의 육적인 필요를 채워주시는 공급자일 뿐 아니라 참 생명의 떡으로서 우리의 영적 필요를 채워주시는 분임을 보여줍니다.

요한복음 6:27　썩을 양식을 위하여 일하지 말고 영생하도록 있는
　　　　　　　양식을 위하여 하라 이 양식은 인자가 너희에게 주리니
　　　　　　　인자는 아버지 하나님께서 인치신 자니라

　　　　　　　새번역 너희는 썩어 없어질 양식을 얻으려고 일하지 말고, 영생에 이르도록
　　　　　　　　　　남아 있을 양식을 얻으려고 일하여라. 이 양식은, 인자가 너희에게
　　　　　　　　　　줄 것이다. 아버지 하나님께서 인자를 인정하셨기 때문이다.

요한복음 6:55　내 살은 참된 양식이요 내 피는 참된 음료로다

　　　　　　　새번역 내 살은 참 양식이요, 내 피는 참 음료이다.

요한복음 6:56　내 살을 먹고 내 피를 마시는 자는
　　　　　　　내 안에 거하고 나도 그의 안에 거하나니

　　　　　　　새번역 내 살을 먹고, 내 피를 마시는 사람은 내 안에 있고, 나도 그 사람 안에 있다.

❁ 장로들의 전통

마태복음 15:11　입으로 들어가는 것이 사람을 더럽게 하는 것이 아니라
　　　　　　　입에서 나오는 그것이 사람을 더럽게 하는 것이니라

　　　　　　　새번역 입으로 들어가는 것이 사람을 더럽히는 것이 아니라,
　　　　　　　　　　입에서 나오는 것, 그것이 사람을 더럽힌다.

_____

_____

_____

_____

_____

_____

_____

_____

_____

_____

마태복음 15:14 그냥 두라 그들은 맹인이 되어 맹인을 인도하는 자로다
만일 맹인이 맹인을 인도하면 둘이 다 구덩이에 빠지리라
새번역 그들을 내버려 두어라. 그들은 눈먼 사람이면서 눈먼 사람을 인도하는
길잡이들이다. 눈먼 사람이 눈먼 사람을 인도하면, 둘 다 구덩이에 빠질 것이다.

마태복음 15:18 입에서 나오는 것들은 마음에서 나오나니
이것이야말로 사람을 더럽게 하느니라
새번역 그러나 입에서 나오는 것들은 마음에서 나오는데, 그것들이 사람을 더럽힌다.

마태복음 15:19 마음에서 나오는 것은 악한 생각과 살인과 간음과
음란과 도둑질과 거짓 증언과 비방이니
새번역 마음에서 악한 생각들이 나온다. 곧 살인과 간음과
음행과 도둑질과 거짓 증언과 비방이다.

마태복음 15:20 이런 것들이 사람을 더럽게 하는 것이요
씻지 않은 손으로 먹는 것은 사람을 더럽게 하지 못하느니라
새번역 이런 것들이 사람을 더럽힌다. 그러나 손을 씻지 않고서
먹는 것은, 사람을 더럽히지 않는다.

∝ 귀 먹고 말 더듬는 사람을 고치시다

마가복음 7:34 하늘을 우러러 탄식하시며 그에게 이르시되

에바다 하시니 이는 열리라는 뜻이라

새번역 그리고 하늘을 우러러보시고서 탄식하시고, 그에게 말씀하시기를
"에바다" 하셨다. (그것은 열리라는 뜻이다.)

∝ 바리새인과 헤롯의 누룩

마가복음 8:15 예수께서 경고하여 이르시되 삼가 바리새인들의

누룩과 헤롯의 누룩을 주의하라 하시니

새번역 예수께서 제자들에게 경고하여 말씀하셨다. "너희는 주의하여라.
바리새파 사람의 누룩과 헤롯의 누룩을 조심하여라."

∝ 벳새다에서 눈먼 사람을 고치시다

마가복음 8:23 예수께서 맹인의 손을 붙잡으시고 마을 밖으로 데리고 나가사

눈에 침을 뱉으시며 그에게 안수하시고 무엇이 보이느냐 물으시니

새번역 예수께서 그 눈먼 사람의 손을 붙드시고, 마을 바깥으로 데리고 나가셔서,
그 두 눈에 침을 뱉고, 그에게 손을 얹으시고서 물으셨다. "무엇이 보이느냐?"

✒ 묵상하기

예수님의 활동 중심지인 가버나움은 갈릴리 호수 서북쪽에 위치한 도시로, 고대의 상업로인 '해변길'(비아 마리스)을 지나는 무역의 요충지였습니다. 유대인의 큰 회당이 있었고(눅 7:5), 백부장 급의 장교가 통솔하는 군대가 있었으며(마 8:5), 세관도 있었습니다(막 2:14). 가버나움에서 예수님은 가르치시고, 귀신들린 자와 병자를 고치시는 등 많은 사역을 행하셨지만 회개하지 않는 그들의 교만에 대해 책망하셨습니다(마 11:23; 눅 10:15).

마태복음 16:17 예수께서 대답하여 이르시되 바요나 시몬아 네가 복이 있도다
이를 네게 알게 한 이는 혈육이 아니요 하늘에 계신 내 아버지시니라

새번역 예수께서 그에게 말씀하셨다. "시몬 바요나야, 너는 복이 있다. 너에게
이것을 알려 주신 분은, 사람이 아니라, 하늘에 계신 나의 아버지시다."

마태복음 16:18 또 내가 네게 이르노니 너는 베드로라 내가 이 반석 위에
내 교회를 세우리니 음부의 권세가 이기지 못하리라

새번역 나도 너에게 말한다. 너는 베드로다. 나는 이 반석 위에다가
내 교회를 세우겠다. 죽음의 문들이 그것을 이기지 못할 것이다.

마태복음 16:19 내가 천국 열쇠를 네게 주리니 네가 땅에서 무엇이든지 매면 하늘에서도
매일 것이요 네가 땅에서 무엇이든지 풀면 하늘에서도 풀리리라

새번역 내가 너에게 하늘나라의 열쇠를 주겠다. 네가 무엇이든지 땅에서 매면
하늘에서도 매일 것이요, 땅에서 풀면 하늘에서도 풀릴 것이다.

🖋 묵상하기

베드로는 예수님께 "주는 그리스도시요 살아 계신 하나님의 아들이시니이다"(마 16:16)라고
고백했어요. 예수님은 이 반석 위에 교회를 세우겠다고 하셨어요. 여기서 반석은 베드로의
고백을 뜻해요. 예수님은 이 고백 위에 교회를 세우겠다고 하신 것이지요. 베드로의 신앙고
백이 중요한 이유는 베드로가 자신의 능력으로 고백한 것이 아니라 하나님이 이를 알게 하
신 것이기 때문이에요.   _『프뉴마 어린이 성경』(넥서스크로스, 2015) 중에서

∞ 죽음과 부활을 처음으로 이르시다

마태복음 16:23 **예수께서 돌이키시며 베드로에게 이르시되 사탄아 내 뒤로**
물러가라 너는 나를 넘어지게 하는 자로다 네가 하나님의 일을
생각하지 아니하고 도리어 사람의 일을 생각하는도다

새번역 그러나 예수께서는 돌아서서, 베드로에게 말씀하셨다.
"사탄아, 내 뒤로 물러가라. 너는 나에게 걸림돌이다. 너는 하나님의 일을
생각하지 않고, 사람의 일만 생각하는구나!"

마태복음 16:24 **이에 예수께서 제자들에게 이르시되 누구든지 나를 따라오려거든**
자기를 부인하고 자기 십자가를 지고 나를 따를 것이니라

새번역 그 때에 예수께서는 제자들에게 말씀하셨다. "누구든지 나를 따라오려거든,
자기를 부인하고, 제 십자가를 지고, 나를 따라 오너라."

마태복음 16:25 **누구든지 제 목숨을 구원하고자 하면 잃을 것이요**
누구든지 나를 위하여 제 목숨을 잃으면 찾으리라

새번역 누구든지 자기 목숨을 구하고자 하는 사람은 잃을 것이요,
나 때문에 자기 목숨을 잃는 사람은 찾을 것이다.

마태복음 11:23

마태복음 11:24

마태복음 11:25

마태복음 16:26 사람이 만일 온 천하를 얻고도 제 목숨을 잃으면
무엇이 유익하리요 사람이 무엇을 주고 제 목숨과 바꾸겠느냐

새번역 사람이 온 세상을 얻고도 제 목숨을 잃으면, 무슨 이득이 있겠느냐?
또 사람이 제 목숨을 되찾는 대가로 무엇을 내놓겠느냐?

마태복음 16:27 인자가 아버지의 영광으로 그 천사들과 함께 오리니
그 때에 각 사람이 행한 대로 갚으리라

새번역 인자가 자기 아버지의 영광에 싸여, 자기 천사들을 거느리고
올 터인데, 그 때에 그는 각 사람에게, 그 행실대로 갚아 줄 것이다.

∽ 귀신 들린 아이를 고치시다

마가복음 9:23 예수께서 이르시되 할 수 있거든이 무슨 말이냐
믿는 자에게는 능히 하지 못할 일이 없느니라

새번역 예수께서 그에게 말씀하셨다. "'할 수 있으면'이 무슨 말이냐?
믿는 사람에게는 모든 일이 가능하다."

마가복음 9:29 이르시되 기도 외에 다른 것으로는
이런 종류가 나갈 수 없느니라

새번역 예수께서 그들에게 대답하셨다. "이런 부류는 기도로
쫓아내지 않고는, 어떤 수로도 쫓아낼 수 없다."

마태복음 17:20 　이르시되 너희 믿음이 작은 까닭이니라 진실로 너희에게 이르노니
　　　　　　　　만일 너희에게 믿음이 겨자씨 한 알 만큼만 있어도 이 산을 명하여
　　　　　　　　여기서 저기로 옮겨지라 하면 옮겨질 것이요
　　　　　　　　또 너희가 못할 것이 없으리라

　　　새번역 예수께서 그들에게 대답하셨다. "너희의 믿음이 적기 때문이다.
　　　　　　　내가 진정으로 너희에게 말한다. 너희에게 겨자씨 한 알만한
　　　　　　　믿음이라도 있으면, 이 산더러 '여기에서 저기로 옮겨가라!'
　　　　　　　하면 그대로 될 것이요, 너희가 못할 일이 없을 것이다."

∝ 천국에서 큰 사람

마태복음 18:3 　이르시되 진실로 너희에게 이르노니 너희가 돌이켜
　　　　　　　　어린 아이들과 같이 되지 아니하면 결단코 천국에 들어가지 못하리라

　　　새번역 말씀하셨다. "내가 진정으로 너희에게 말한다. 너희가 돌이켜서 어린이들과
　　　　　　　같이 되지 않으면, 절대로 하늘나라에 들어가지 못할 것이다."

마태복음 18:4 　그러므로 누구든지 이 어린 아이와 같이
　　　　　　　　자기를 낮추는 사람이 천국에서 큰 자니라

　　　새번역 그러므로 누구든지 이 어린이와 같이 자기를 낮추는
　　　　　　　사람이 하늘나라에서는 가장 큰 사람이다.

🖋 묵상하기

당시 어린아이는 사람의 수로 헤아리지도 않았던, 권위에 종속된 존재였습니다. 어린아이처럼 자신을 낮춘다는 것은 바로 어린아이처럼 자신의 연약함을 알고 부모의 전적인 도움이 필요한 존재임을 인정하는 것을 말합니다.

마태복음 17:20

마태복음 18:3

마태복음 18:4

형제가 죄를 범하거든

마태복음 18:19　진실로 다시 너희에게 이르노니 너희 중의 두 사람이

땅에서 합심하여 무엇이든지 구하면 하늘에 계신 내 아버지께서

그들을 위하여 이루게 하시리라

새번역　내가 [진정으로] 거듭 너희에게 말한다. 땅에서 너희 가운데 두 사람이 합심하여

무슨 일이든지 구하면, 하늘에 계신 내 아버지께서 그들에게 이루어 주실 것이다.

마태복음 18:20　두세 사람이 내 이름으로 모인 곳에는 나도 그들 중에 있느니라

새번역　두세 사람이 내 이름으로 모여 있는 자리, 거기에 내가 그들 가운데 있다.

명절을 지키러 올라가시다

요한복음 7:24　외모로 판단하지 말고 공의롭게 판단하라

새번역　겉모양으로 심판하지 말고, 공정한 심판을 내려라.

생수의 강

요한복음 7:38　나를 믿는 자는 성경에 이름과 같이

그 배에서 생수의 강이 흘러나오리라

새번역　나를 믿는 사람은, 성경이 말한 바와 같이,

그의 배에서 생수가 강물처럼 흘러나올 것이다.

요한복음 8:7   그들이 묻기를 마지 아니하는지라 이에 일어나 이르시되
         너희 중에 죄 없는 자가 먼저 돌로 치라 하시고

      새번역 그들이 다그쳐 물으니, 예수께서 몸을 일으켜, 그들에게 말씀하셨다.
         "너희 가운데서 죄가 없는 사람이 먼저 이 여자에게 돌을 던져라."

요한복음 8:10   예수께서 일어나사 여자 외에 아무도 없는 것을 보시고 이르시되
         여자여 너를 고발하던 그들이 어디 있느냐 너를 정죄한 자가 없느냐

      새번역 예수께서 몸을 일으키시고, 여자에게 말씀하셨다. "여자여, 사람들은
         어디에 있느냐? 너를 정죄한 사람이 한 사람도 없느냐?"

요한복음 8:11   대답하되 주여 없나이다 예수께서 이르시되 나도 너를
         정죄하지 아니하노니 가서 다시는 죄를 범하지 말라 하시니라

      새번역 여자가 대답하였다. "주님, 한 사람도 없습니다." 예수께서 말씀하셨다.
         "나도 너를 정죄하지 않는다. 가서, 이제부터 다시는 죄를 짓지 말아라."

묵상하기

서기관들과 바리새인들이 음행 중에 잡혀온 여인을 예수께 데리고 온 것은 예수님을 시험하여 고발하기 위한 빌미를 잡기 위함이었습니다. 그들은 예수님이 모세의 법을 어기든 로마의 법을 어기든 할 것이라 생각했습니다. 만약 예수님이 모세의 법을 거부하셨다면 그분에 대한 유대인의 신뢰는 무너졌을 것입니다. 반대로 모세의 법을 따라 여인을 정죄하라고만 하셨다면 주님의 사랑과 용서의 성품과 대치되었을 것입니다. 예수님은 율법을 어긴 이 여인을 위한 속죄를 이루실 것이기에 여인을 용서하심과 동시에 율법을 만족시키실 수 있었습니다.

요한복음 8:7

요한복음 8:10

요한복음 8:11

∝ 진리가 너희를 자유롭게 하리라

요한복음 8:31 그러므로 예수께서 자기를 믿은 유대인들에게 이르시되
너희가 내 말에 거하면 참으로 내 제자가 되고

새번역 예수께서 자기를 믿은 유대 사람들에게 말씀하셨다. "너희가 나의
말에 머물러 있으면, 너희는 참으로 나의 제자들이다."

요한복음 8:32 진리를 알지니 진리가 너희를 자유롭게 하리라

새번역 그리고 너희는 진리를 알게 될 것이며, 진리가 너희를 자유롭게 할 것이다.

요한복음 8:34 예수께서 대답하시되 진실로 진실로 너희에게 이르노니
죄를 범하는 자마다 죄의 종이라

새번역 예수께서 대답하셨다. "내가 진정으로 진정으로 너희에게
말한다. 죄를 짓는 사람은 다 죄의 종이다."

∝ 날 때부터 눈먼 사람을 고치시다

요한복음 9:3 예수께서 대답하시되 이 사람이나 그 부모의 죄로 인한 것이
아니라 그에게서 하나님이 하시는 일을 나타내고자 하심이라

새번역 예수께서 대답하셨다. "이 사람이 죄를 지은 것도 아니요, 그의 부모가 죄를 지은
것도 아니다. 하나님께서 하시는 일들을 그에게서 드러내시려는 것이다."

요한복음 9:7
이르시되 실로암 못에 가서 씻으라 하시니 (실로암은 번역하면
보냄을 받았다는 뜻이라) 이에 가서 씻고 밝은 눈으로 왔더라

새번역 그에게 실로암 못으로 가서 씻으라고 말씀하셨다. ('실로암'은 번역하면 '보냄을
받았다'는 뜻이다.) 그 눈먼 사람이 가서 씻고, 눈이 밝아져서 돌아갔다.

요한복음 9:39
예수께서 이르시되 내가 심판하러 이 세상에 왔으니
보지 못하는 자들은 보게 하고 보는 자들은 맹인이 되게 하려 함이라

새번역 예수께서 또 말씀하셨다. "나는 이 세상을 심판하러 왔다. 못 보는
사람은 보게 하고, 보는 사람은 못 보게 하려는 것이다."

요한복음 9:41
예수께서 이르시되 너희가 맹인이 되었더라면
죄가 없으려니와 본다고 하니 너희 죄가 그대로 있느니라

새번역 예수께서 그들에게 말씀하셨다. "너희가 눈이 먼 사람들이라면, 도리어 죄가 없을
것이다. 그러나, 너희가 지금 본다고 말하니, 너희의 죄가 그대로 남아 있다."

🖋 묵상하기

예수님은 날 때부터 눈먼 사람을 고쳐주시는 사건을 통해 참으로 눈먼 사람이 누구인지 가
르쳐주십니다. 요한복음 9장에서 날 때부터 눈먼 이는 예수님을 만나 눈을 뜨게 됐을 뿐 아
니라, 상황을 밝히 보고 자신이 만난 진리를 증언합니다. 이는 신앙고백으로 이어지고 예수
님을 따르는 데까지 이릅니다. 이것은 육신의 눈은 멀쩡하지만 영적인 눈이 먼, 당시의 바리
새인들과 극명한 대조를 이룹니다(요 9:41 참고).

∞ **선한 목자**

요한복음 10:9 내가 문이니 누구든지 나로 말미암아 들어가면
구원을 받고 또는 들어가며 나오며 꼴을 얻으리라

새번역 나는 그 문이다. 누구든지 나를 통하여 들어오면,
구원을 얻고, 드나들면서 꼴을 얻을 것이다.

요한복음 10:10 도둑이 오는 것은 도둑질하고 죽이고 멸망시키려는 것뿐이요
내가 온 것은 양으로 생명을 얻게 하고 더 풍성히 얻게 하려는 것이라

새번역 도둑은 다만 훔치고 죽이고 파괴하려고 오는 것뿐이다.
나는, 양들이 생명을 얻고 또 더 넘치게 얻게 하려고 왔다.

요한복음 10:11 나는 선한 목자라 선한 목자는 양들을 위하여 목숨을 버리거니와

새번역 나는 선한 목자이다. 선한 목자는 양들을 위하여 자기 목숨을 버린다.

✒ 묵상하기

요한복음에서 예수님은 자신을 "나는 …이다"로 설명해주셨습니다. 이는 우리를 위해 '이 땅
에 오신 의미'를 설명해주는 방법이었습니다. "나는 …이다"는 생명의 떡(요 6:35), 세상의 빛
(요 8:12), 양의 문(요 10:7), 선한 목자(요 10:11), 부활이요 생명(요 11:25), 길과 진리와 생명(요 14:6),
참 포도나무(요 15:1)로 총 일곱 번 나옵니다.

요한복음 10장 11절에서 예수님은 자신을 '선한 목자'라고 말씀하십니다. 하나님만이 우리
를 부족함 없이 인도하시는 '선한 목자'(시 23편) 곧 왕이신데, 예수님은 스스로 선한 목자임을
밝히고 증명하신 것입니다.

요한복음 10:12   삯꾼은 목자가 아니요 양도 제 양이 아니라 이리가 오는 것을 보면
양을 버리고 달아나나니 이리가 양을 물어 가고 또 헤치느니라

새번역 삯꾼은 목자가 아니요, 양들도 자기의 것이 아니므로, 이리가 오는 것을 보면,
양들을 버리고 달아난다. -그러면 이리가 양들을 물어가고, 양떼를 흩어 버린다.-

요한복음 10:13   달아나는 것은 그가 삯꾼인 까닭에 양을 돌보지 아니함이나

새번역 그는 삯꾼이어서, 양들을 생각하지 않기 때문이다.

요한복음 10:14   나는 선한 목자라 나는 내 양을 알고 양도 나를 아는 것이

새번역 나는 선한 목자이다. 나는 내 양들을 알고, 내 양들은 나를 안다.

요한복음 10:15   아버지께서 나를 아시고 내가 아버지를 아는 것 같으니
나는 양을 위하여 목숨을 버리노라

새번역 그것은 마치, 아버지께서 나를 아시고, 내가 아버지를 아는
것과 같다. 나는 양들을 위하여 내 목숨을 버린다.

요한복음 1:42

요한복음 1:43

요한복음 1:44

요한복음 1:45

∝ 칠십 인이 돌아오다

누가복음 10:20 그러나 귀신들이 너희에게 항복하는 것으로

기뻐하지 말고 너희 이름이 하늘에 기록된 것으로 기뻐하라

새번역 그러나 귀신들이 너희에게 굴복한다고 해서 기뻐하지 말고,

너희의 이름이 하늘에 기록된 것을 기뻐하여라.

∝ 예수의 감사기도

누가복음 10:21 그 때에 예수께서 성령으로 기뻐하시며 이르시되 천지의

주재이신 아버지여 이것을 지혜롭고 슬기 있는 자들에게는

숨기시고 어린 아이들에게는 나타내심을 감사하나이다

옳소이다 이렇게 된 것이 아버지의 뜻이니이다

새번역 그 때에 예수께서 성령으로 기쁨에 차서 이렇게 아뢰었다. "하늘과 땅의

주님이신 아버지, 이 일을 지혜 있는 사람들과 똑똑한 사람들에게는

감추시고, 철부지 어린 아이들에게는 드러내 주셨으니, 감사합니다.

그렇습니다, 아버지! 이것이 아버지의 은혜로우신 뜻입니다."

∝ 짐 진 자들아 내게로 오라

마태복음 11:28 수고하고 무거운 짐 진 자들아 다 내게로 오라 내가 너희를 쉬게 하리라

새번역 수고하며 무거운 짐을 진 사람은 모두 내게로 오너라. 내가 너희를 쉬게 하겠다.

마태복음 11:29 나는 마음이 온유하고 겸손하니 나의 멍에를 메고

내게 배우라 그리하면 너희 마음이 쉼을 얻으리니

새번역 나는 마음이 온유하고 겸손하니, 내 멍에를 메고 나한테 배워라.

그리하면 너희는 마음에 쉼을 얻을 것이다.

누가복음 10:20

누가복음 10:21

마태복음 11:28

마태복음 11:29

마태복음 11:30 이는 내 멍에는 쉽고 내 짐은 가벼움이라

^{새번역} 내 멍에는 편하고, 내 짐은 가볍다.

✿ 자비를 베푼 사마리아 사람

누가복음 10:30 예수께서 대답하여 이르시되 어떤 사람이 예루살렘에서
여리고로 내려가다가 강도를 만나매 강도들이 그 옷을
벗기고 때려 거의 죽은 것을 버리고 갔더라

^{새번역} 예수께서 대답하셨다. "어떤 사람이 예루살렘에서 여리고로 내려가다가 강도들을
만났다. 강도들이 그 옷을 벗기고 때려서, 거의 죽게 된 채로 내버려두고 갔다."

누가복음 10:31 마침 한 제사장이 그 길로 내려가다가 그를 보고 피하여 지나가고

^{새번역} 마침 어떤 제사장이 그 길로 내려가다가 그 사람을 보고 피하여 지나갔다.

누가복음 10:32 또 이와 같이 한 레위인도 그 곳에 이르러 그를 보고 피하여 지나가되

^{새번역} 이와 같이, 레위 사람도 그 곳에 이르러 그 사람을 보고, 피하여 지나갔다.

누가복음 10:33 어떤 사마리아 사람은 여행하는 중 거기 이르러 그를 보고 불쌍히 여겨

^{새번역} 그러나 어떤 사마리아 사람은 길을 가다가,
그 사람이 있는 곳에 이르러, 그를 보고 측은한 마음이 들어서,

예수를 쓰다

누가복음 10:34 **가까이 가서 기름과 포도주를 그 상처에 붓고 싸매고 자기 짐승에 태워 주막으로 데리고 가서 돌보아주니라**

새번역 가까이 가서, 그 상처에 올리브 기름과 포도주를 붓고 싸맨 다음에, 자기 짐승에 태워서, 여관으로 데리고 가서 돌보아주었다.

누가복음 10:36 **네 생각에는 이 세 사람 중에 누가 강도 만난 자의 이웃이 되겠느냐**

새번역 너는 이 세 사람 가운데서 누가 강도 만난 사람에게 이웃이 되어 주었다고 생각하느냐?

누가복음 10:37 **이르되 자비를 베푼 자니이다 예수께서 이르시되 가서 너도 이와 같이 하라 하시니라**

새번역 그가 대답하였다. "자비를 베푼 사람입니다." 예수께서 그에게 말씀하셨다. "가서, 너도 이와 같이 하여라."

✒ 묵상하기

예수님은 영생에 대해 질문한 율법교사에게 여리고로 내려가다 강도 만난 사람의 비유를 들려주십니다. 제사장도 레위인도 그를 피해 지나갔지만, 유대인이 멸시하는 사마리아인은 오히려 그를 도와주었습니다. 제사장과 레위인은 율법의 내용을 아주 잘 아는 사람이었지만 율법의 정신은 실천하지 않았던 것입니다. 하나님의 말씀에 순종하여 자비를 베푼 사마리아인이 진정한 이웃이었습니다. 누가 나의 이웃인가를 생각할 것이 아니라 이웃이 필요한 사람에게 내가 이웃이 되어주는 것이 중요한 것이라고 예수님은 가르치셨습니다.

∞ 마르다와 마리아

누가복음 10:41 주께서 대답하여 이르시되 마르다야 마르다야

네가 많은 일로 염려하고 근심하나

새번역 그러나 주님께서는 마르다에게 대답하셨다. "마르다야,

마르다야, 너는 많은 일로 염려하며 들떠 있다."

누가복음 10:42 몇 가지만 하든지 혹은 한 가지만이라도 족하니라

마리아는 이 좋은 편을 택하였으니 빼앗기지 아니하리라

새번역 그러나 주님의 일은 많지 않거나 하나뿐이다. 마리아는 좋은 몫을

택하였다. 그러니 아무도 그것을 그에게서 빼앗지 못할 것이다.

∞ 기도를 가르치시다

누가복음 11:9 내가 또 너희에게 이르노니 구하라 그러면 너희에게 주실 것이요

찾으라 그러면 찾아낼 것이요 문을 두드리라

그러면 너희에게 열릴 것이니

새번역 내가 너희에게 말한다. 구하여라, 그리하면 너희에게 주실 것이다. 찾아라,

그리하면 찾을 것이다. 문을 두드려라, 그리하면 너희에게 열어 주실 것이다.

누가복음 11:10 구하는 이마다 받을 것이요 찾는 이는 찾아낼 것이요

두드리는 이에게는 열릴 것이니라

새번역 구하는 사람마다 받을 것이요, 찾는 사람마다 찾을 것이요,

문을 두드리는 사람에게 열어 주실 것이다.

누가복음 10:41

누가복음 10:42

누가복음 11:9

누가복음 11:10

누가복음 11:13   너희가 악할지라도 좋은 것을 자식에게 줄 줄 알거든 하물며

너희 하늘 아버지께서 구하는 자에게 성령을 주시지 않겠느냐

새번역 너희가 악할지라도 너희 자녀에게 좋은 것들을 줄 줄 알거든, 하물며

하늘에 계신 아버지께서야 구하는 사람에게 성령을 주시지 않겠느냐?

∝ **예루살렘을 보고 탄식하시다**

누가복음 13:34   예루살렘아 예루살렘아 선지자들을 죽이고 네게 파송된 자들을

돌로 치는 자여 암탉이 제 새끼를 날개 아래에 모음같이 내가 너희의

자녀를 모으려 한 일이 몇 번이냐 그러나 너희가 원하지 아니하였도다

새번역 예루살렘아, 예루살렘아, 예언자들을 죽이고, 네게 파송된 사람들을 돌로

치는구나! 암탉이 제 새끼를 날개 아래에 품듯이, 내가 몇 번이나

네 자녀를 모아 품으려 하였더냐! 그러나 너희는 그것을 원하지 않았다.

누가복음 13:35   보라 너희 집이 황폐하여 버린 바 되리라

내가 너희에게 이르노니 너희가 주의 이름으로 오시는

이를 찬송하리로다 할 때까지는 나를 보지 못하리라

새번역 보아라, 너희의 집은 버림을 받을 것이다. 내가 너희에게 말한다.

너희가 말하기를 '주님의 이름으로 오시는 분은 복되시다' 할

그 때가 오기까지, 너희는 나를 다시는 보지 못할 것이다.

∝ 끝자리에 앉으라

누가복음 14:13 잔치를 베풀거든 차라리 가난한 자들과

몸 불편한 자들과 저는 자들과 맹인들을 청하라

새번역 잔치를 베풀 때에는, 가난한 사람들과 지체에 장애가 있는

사람들과 다리 저는 사람들과 눈먼 사람들을 불러라.

누가복음 14:14 그리하면 그들이 갚을 것이 없으므로 네게 복이 되리니

이는 의인들의 부활 시에 네가 갚음을 받겠음이라

새번역 그리하면 네가 복될 것이다. 그들이 네게 갚을 수 없기 때문이다.

의인들이 부활할 때에, 하나님께서 네게 갚아 주실 것이다.

∝ 잃은 양을 찾은 목자 비유

누가복음 15:4 너희 중에 어떤 사람이 양 백 마리가 있는데

그 중의 하나를 잃으면 아흔아홉 마리를 들에 두고

그 잃은 것을 찾아내기까지 찾아다니지 아니하겠느냐

새번역 너희 가운데서 어떤 사람이 양 백 마리를 가지고 있는데,

그 가운데서 한 마리를 잃으면, 아흔아홉 마리를 들에 두고,

그 잃은 양을 찾을 때까지 찾아다니지 않겠느냐?

누가복음 15:5 또 찾아낸즉 즐거워 어깨에 메고

새번역 찾으면, 기뻐하며 자기 어깨에 메고

누가복음 1:18

누가복음 1:21

누가복음 1:51

누가복음 1:55

누가복음 15:6   집에 와서 그 벗과 이웃을 불러 모으고 말하되
나와 함께 즐기자 나의 잃은 양을 찾아내었노라 하리라

새번역 집으로 돌아와서, 벗과 이웃 사람을 불러 모으고, '나와 함께 기뻐해
주십시오. 잃었던 내 양을 찾았습니다' 하고 말할 것이다.

누가복음 15:7   내가 너희에게 이르노니 이와 같이 죄인 한 사람이 회개하면 하늘에서는
회개할 것 없는 의인 아흔아홉으로 말미암아 기뻐하는 것보다 더하리라

새번역 내가 너희에게 말한다. 이와 같이 하늘에서는, 회개할 필요가 없는 의인
아흔아홉보다, 회개하는 죄인 한 사람을 두고 더 기뻐할 것이다.

∝ 잃은 아들을 되찾은 아버지 비유

누가복음 15:11   또 이르시되 어떤 사람에게 두 아들이 있는데

새번역 예수께서 말씀하셨다. "어떤 사람에게 아들이 둘 있는데"

누가복음 15:12   그 둘째가 아버지에게 말하되 아버지여 재산 중에서 내게 돌아올 분깃을
내게 주소서 하는지라 아버지가 그 살림을 각각 나눠 주었더니

새번역 작은 아들이 아버지에게 말하기를 '아버지, 재산 가운데서 내게 돌아올 몫을
내게 주십시오' 하였다. 그래서 아버지는 살림을 두 아들에게 나누어 주었다.

누가복음 15:13 그 후 며칠이 안 되어 둘째 아들이 재물을 다 모아 가지고
면 나라에 가 거기서 허랑방탕하여 그 재산을 낭비하더니
새번역 며칠 뒤에 작은 아들은 제 것을 다 챙겨서 면 지방으로 가서,
거기서 방탕하게 살면서, 그 재산을 낭비하였다.

누가복음 15:14 다 없앤 후 그 나라에 크게 흉년이 들어 그가 비로소 궁핍한지라
새번역 그가 모든 것을 탕진했을 때에, 그 지방에 크게 흉년이 들어서,
그는 아주 궁핍하게 되었다.

누가복음 15:15 가서 그 나라 백성 중 한 사람에게 붙여 사니
그가 그를 들로 보내어 돼지를 치게 하였는데
새번역 그래서 그는 그 지방의 주민 가운데 한 사람을 찾아가서, 몸을
의탁하였다. 그 사람은 그를 들로 보내서 돼지를 치게 하였다.

누가복음 15:16 그가 돼지 먹는 쥐엄 열매로 배를 채우고자 하되 주는 자가 없는지라
새번역 그는 돼지가 먹는 쥐엄 열매라도 좀 먹고 배를 채우고 싶은
심정이었으나, 그에게 먹을 것을 주는 사람이 없었다.

누가복음 15:13

누가복음 15:14

누가복음 15:15

누가복음 15:16

누가복음 15:17 이에 스스로 돌이켜 이르되 내 아버지에게는
양식이 풍족한 품꾼이 얼마나 많은가 나는 여기서 주려 죽는구나

새번역 그제서야 그는 제정신이 들어서, 이렇게 말하였다. '내 아버지의 그 많은
품꾼들에게는 먹을 것이 남아도는데, 나는 여기서 굶어 죽는구나.'

누가복음 15:18 내가 일어나 아버지께 가서 이르기를
아버지 내가 하늘과 아버지께 죄를 지었사오니

새번역 '내가 일어나 아버지에게 돌아가서, 이렇게 말씀드려야 하겠다.
아버지, 내가 하늘과 아버지 앞에 죄를 지었습니다.'

누가복음 15:19 지금부터는 아버지의 아들이라 일컬음을 감당하지
못하겠나이다 나를 품꾼의 하나로 보소서 하리라 하고

새번역 '나는 더 이상 아버지의 아들이라고 불릴 자격이
없으니, 나를 품꾼의 하나로 삼아 주십시오.'

누가복음 15:20 이에 일어나서 아버지께로 돌아가니라 아직도 거리가 먼데
아버지가 그를 보고 측은히 여겨 달려가 목을 안고 입을 맞추니

새번역 그는 일어나서, 아버지에게로 갔다. 그가 아직도 먼 거리에 있는데,
그의 아버지가 그를 보고 측은히 여겨서, 달려가 그의 목을 껴안고, 입을 맞추었다.

누가복음 15:21 　아들이 이르되 아버지 내가 하늘과 아버지께 죄를 지었사오니
지금부터는 아버지의 아들이라 일컬음을 감당하지 못하겠나이다 하나

새번역 　아들이 아버지에게 말하였다. '아버지, 내가 하늘과 아버지 앞에 죄를
지었습니다. 이제부터 나는 아버지의 아들이라고 불릴 자격이 없습니다.'

누가복음 15:22 　아버지는 종들에게 이르되 제일 좋은 옷을 내어다가 입히고
손에 가락지를 끼우고 발에 신을 신기라

새번역 　그러나 아버지는 종들에게 말하였다. '어서, 가장 좋은 옷을 꺼내서,
그에게 입히고, 손에 반지를 끼우고, 발에 신을 신겨라.'

누가복음 15:23 　그리고 살진 송아지를 끌어다가 잡으라 우리가 먹고 즐기자

새번역 　'그리고 살진 송아지를 끌어내다가 잡아라. 우리가 먹고 즐기자.'

묵상하기

누가복음 15장은 잃어버린 것을 찾는 비유로 가득합니다. 예수님은 죄인과 함께 있는 것을
비난하는 이들에게 잃은 양, 동전, 아들의 비유로 말씀하십니다. 잃어버린 영혼을 찾는 것은
예수께서 이 땅에 오신 목적입니다. 종교지도자들은 원래 죄인을 회복시키고 하나님께로 돌
아오게 하는 일을 담당하는 사람들로서 당연히 기뻐해야 할 사람들입니다(6, 9, 24절). 그러나
그들은 첫째 아들처럼 죄인이 돌아오는 것에 기뻐하지 않고 분노했기에 책망을 받았습니다.

누가복음 15:24 **이 내 아들은 죽었다가 다시 살아났으며 내가 잃었다가**
다시 얻었노라 하니 그들이 즐거워하더라

새번역 '나의 이 아들은 죽었다가 살아났고, 내가 잃었다가 되찾았다.'
그래서 그들은 잔치를 벌였다.

누가복음 15:25 **맏아들은 밭에 있다가 돌아와 집에 가까이 왔을 때에**
풍악과 춤추는 소리를 듣고

새번역 그런데 큰 아들이 밭에 있다가 돌아오는데, 집에 가까이
이르렀을 때에, 음악 소리와 춤추면서 노는 소리를 듣고,

누가복음 15:26 **한 종을 불러 이 무슨 일인가 물은대**

새번역 종 하나를 불러서, 무슨 일인지를 물어 보았다.

누가복음 15:27 **대답하되 당신의 동생이 돌아왔으매 당신의 아버지가 건강한 그를**
다시 맞아들이게 됨으로 인하여 살진 송아지를 잡았나이다 하니

새번역 종이 그에게 말하였다. '아우님이 집에 돌아왔습니다. 건강한 몸으로
돌아온 것을 반겨서, 주인 어른께서 살진 송아지를 잡으셨습니다.'

누가복음 15:28 　그가 노하여 들어가고자 하지 아니하거늘 아버지가 나와서 권한대

　　　　　　새번역 　큰 아들은 화가 나서, 집으로 들어가려고 하지 않았다.
　　　　　　　　　　아버지가 나와서 그를 달랬다.

누가복음 15:29 　아버지께 대답하여 이르되 내가 여러 해 아버지를
　　　　　　　　섬겨 명을 어김이 없거늘 내게는 염소 새끼라도 주어
　　　　　　　　나와 내 벗으로 즐기게 하신 일이 없더니

　　　　　　새번역 　그러나 그는 아버지에게 대답하였다. '나는 이렇게 여러 해를 두고 아버지를
　　　　　　　　　　섬기고 있고, 아버지의 명령을 한 번도 어긴 일이 없는데, 나에게는
　　　　　　　　　　친구들과 함께 즐기라고, 염소 새끼 한 마리도 주신 일이 없습니다.'

누가복음 15:30 　아버지의 살림을 창녀들과 함께 삼켜 버린 이 아들이 돌아오매
　　　　　　　　이를 위하여 살진 송아지를 잡으셨나이다

　　　　　　새번역 　'그런데 창녀들과 어울려서 아버지의 재산을 다 삼켜 버린
　　　　　　　　　　이 아들이 오니까, 그를 위해서는 살진 송아지를 잡으셨습니다.'

누가복음 15:31 　아버지가 이르되 얘 너는 항상 나와 함께 있으니 내 것이 다 네 것이로되

　　　　　　새번역 　아버지가 그에게 말하였다. '애야, 너는 늘 나와 함께
　　　　　　　　　　있으니 내가 가진 모든 것은 다 네 것이다.'

누가복음 15:32 이 네 동생은 죽었다가 살아났으며 내가 잃었다가 얻었기로
우리가 즐거워하고 기뻐하는 것이 마땅하다 하니라

새번역 '그런데 너의 이 아우는 죽었다가 살아났고, 내가 잃었다가
되찾았으니, 즐기며 기뻐하는 것이 마땅하다.'

∝ 옳지 않은 청지기 비유
누가복음 16:10 지극히 작은 것에 충성된 자는 큰 것에도 충성되고
지극히 작은 것에 불의한 자는 큰 것에도 불의하니라

새번역 지극히 작은 일에 충실한 사람은 큰 일에도 충실하고,
지극히 작은 일에 불의한 사람은 큰 일에도 불의하다.

누가복음 16:11 너희가 만일 불의한 재물에도 충성하지 아니하면
누가 참된 것으로 너희에게 맡기겠느냐

새번역 너희가 불의한 재물에 충실하지 못하였으면,
누가 너희에게 참된 것을 맡기겠느냐?

누가복음 16:12 너희가 만일 남의 것에 충성하지 아니하면
누가 너희의 것을 너희에게 주겠느냐

새번역 또 너희가 남의 것에 충실하지 못하였으면,
누가 너희에게 너희의 몫인들 내주겠느냐?

∝ 용서, 믿음, 종이 할 일

누가복음 17:3 너희는 스스로 조심하라 만일 네 형제가
죄를 범하거든 경고하고 회개하거든 용서하라

새번역 너희는 스스로 조심하여라. 믿음의 형제가 죄를 짓거든
꾸짖고, 회개하거든 용서하여 주어라.

누가복음 17:4 만일 하루에 일곱 번이라도 네게 죄를 짓고 일곱 번 네게
돌아와 내가 회개하노라 하거든 너는 용서하라 하시더라

새번역 그가 네게 하루에 일곱 번 죄를 짓고, 일곱 번 네게 돌아와서
'회개하오' 하면, 너는 용서해 주어야 한다.

∝ 하나님의 나라는 너희 안에 있다

누가복음 17:20 바리새인들이 하나님의 나라가 어느 때에 임하나이까 묻거늘 예수께서
대답하여 이르시되 하나님의 나라는 볼 수 있게 임하는 것이 아니요

새번역 바리새파 사람들이 하나님의 나라가 언제 오느냐고 물으니, 예수께서 그들에게
대답을 하셨다. "하나님의 나라는 눈으로 볼 수 있는 모습으로 오지 않는다."

누가복음 17:21 또 여기 있다 저기 있다고도 못하리니
하나님의 나라는 너희 안에 있느니라

새번역 또 '보아라, 여기에 있다' 또는 '저기에 있다' 하고 말할 수도 없다.
보아라, 하나님의 나라는 너희 가운데에 있다.

❧ 바리새인과 세리 비유

누가복음 18:10 두 사람이 기도하러 성전에 올라가니
하나는 바리새인이요 하나는 세리라

새번역 두 사람이 기도하러 성전에 올라갔다. 한 사람은
바리새파 사람이고, 다른 한 사람은 세리였다.

누가복음 18:11 바리새인은 서서 따로 기도하여 이르되 하나님이여
나는 다른 사람들 곧 토색, 불의, 간음을 하는 자들과
같지 아니하고 이 세리와도 같지 아니함을 감사하나이다

새번역 바리새파 사람은 서서, 혼자 말로 이렇게 기도하였다. '하나님,
감사합니다. 나는, 남의 것을 빼앗는 자나, 불의한 자나, 간음하는 자와
같은 다른 사람들과 같지 않으며, 더구나 이 세리와는 같지 않습니다.'

누가복음 18:12 나는 이레에 두 번씩 금식하고 또 소득의 십일조를 드리나이다 하고

새번역 '나는 이레에 두 번씩 금식하고, 내 모든 소득의 십일조를 바칩니다.'

누가복음 18:13 세리는 멀리 서서 감히 눈을 들어 하늘을 쳐다보지도 못하고
다만 가슴을 치며 이르되 하나님이여 불쌍히 여기소서
나는 죄인이로소이다 하였느니라

새번역 그런데 세리는 멀찍이 서서, 하늘을 우러러볼 엄두도 못 내고, 가슴을 치며
'아, 하나님, 이 죄인에게 자비를 베풀어 주십시오' 하고 말하였다.

예수를 쓰다

누가복음 18:14 내가 너희에게 이르노니 이에 저 바리새인이 아니고
이 사람이 의롭다 하심을 받고 그의 집으로 내려갔느니라
무릇 자기를 높이는 자는 낮아지고 자기를 낮추는 자는 높아지리라

새번역 내가 너희에게 말한다. 의롭다는 인정을 받고서 자기 집으로 내려간
사람은, 저 바리새파 사람이 아니라 이 세리다. 누구든지 자기를
높이는 사람은 낮아지고, 자기를 낮추는 사람은 높아질 것이다.

∞ 포도원의 품꾼들

마태복음 20:1 천국은 마치 품꾼을 얻어 포도원에 들여보내려고
이른 아침에 나간 집 주인과 같으니

새번역 하늘나라는 자기 포도원에서 일할 일꾼을 고용하려고
이른아침에 집을 나선 어떤 포도원 주인과 같다.

마태복음 20:10 먼저 온 자들이 와서 더 받을 줄 알았더니
그들도 한 데나리온씩 받은지라

새번역 그런데 맨 처음에 와서 일을 한 사람들은, 은근히 좀 더 받으려니
하고 생각하였는데, 그들도 한 데나리온씩을 받았다.

마태복음 20:11 받은 후 집 주인을 원망하여 이르되

새번역 그들은 받고 나서, 주인에게 투덜거리며 말하였다.

누가복음 18:1

마태복음 2:1

마태복음 2:1

마태복음 2:1

마태복음 20:12 나중 온 이 사람들은 한 시간밖에 일하지 아니하였거늘
그들을 종일 수고하며 더위를 견딘 우리와 같게 하였나이다
> **새번역** '마지막에 온 이 사람들은 한 시간밖에 일하지 않았는데도, 찌는 더위
> 속에서 온종일 수고한 우리들과 똑같이 대우하였습니다.'

마태복음 20:13 주인이 그 중의 한 사람에게 대답하여 이르되 친구여 내가 네게
잘못한 것이 없노라 네가 나와 한 데나리온의 약속을 하지 아니하였느냐
> **새번역** 그러자 주인이 그들 가운데 한 사람에게 말하기를 '이보시오, 나는 당신을
> 부당하게 대한 것이 아니오. 당신은 나와 한 데나리온으로 합의하지 않았소?'

마태복음 20:14 네 것이나 가지고 가라 나중 온 이 사람에게
너와 같이 주는 것이 내 뜻이니라
> **새번역** '당신의 품삯이나 받아 가지고 돌아가시오. 당신에게 주는 것과
> 꼭 같이 이 마지막 사람에게 주는 것이 내 뜻이오.'

마태복음 20:15 내 것을 가지고 내 뜻대로 할 것이 아니냐
내가 선하므로 네가 악하게 보느냐
> **새번역** '내 것을 가지고 내 뜻대로 할 수 없다는 말이오? 내가 후하기
> 때문에, 그것이 당신 눈에 거슬리오?' 하였다.

마태복음 2:12

마태복음 2:13

마태복음 2:14

마태복음 2:15

마태복음 20:16 **이와 같이 나중 된 자로서 먼저 되고 먼저 된 자로서 나중 되리라**

새번역 이와 같이 꼴찌들이 첫째가 되고, 첫째들이 꼴찌가 될 것이다.

∝ 나는 부활이요 생명이니

요한복음 11:25 **예수께서 이르시되 나는 부활이요 생명이니**
나를 믿는 자는 죽어도 살겠고

새번역 예수께서 마르다에게 말씀하셨다. "나는 부활이요
생명이니, 나를 믿는 사람은 죽어도 살고,"

요한복음 11:26 **무릇 살아서 나를 믿는 자는 영원히 죽지 아니하리니 이것을 네가 믿느냐**

새번역 살아서 나를 믿는 사람은 영원히 죽지 아니할 것이다. 네가 이것을 믿느냐?

요한복음 11:41 **돌을 옮겨 놓으니 예수께서 눈을 들어 우러러 보시고**
이르시되 아버지여 내 말을 들으신 것을 감사하나이다

새번역 사람들이 그 돌을 옮겨 놓았다. 예수께서 하늘을 우러러 보시고
말씀하셨다. "아버지, 내 말을 들어주신 것을 감사드립니다."

요한복음 11:42 항상 내 말을 들으시는 줄을 내가 알았나이다 그러나
이 말씀하옵는 것은 둘러선 무리를 위함이니 곧 아버지께서
나를 보내신 것을 그들로 믿게 하려 함이니이다

새번역 아버지께서는 언제나 내 말을 들어주신다는 것을 압니다. 그런데도
이렇게 말씀을 드리는 것은, 둘러선 무리를 위해서입니다. 그들로
하여금 아버지께서 나를 보내신 것을 믿게 하려는 것입니다.

요한복음 11:43 이 말씀을 하시고 큰 소리로 나사로야 나오라 부르시니

새번역 이렇게 말씀하신 다음에, 큰 소리로 "나사로야, 나오너라" 하고 외치시니,

요한복음 11:44 죽은 자가 수족을 베로 동인 채로 나오는데 그 얼굴은
수건에 싸였더라 예수께서 이르시되 풀어 놓아 다니게 하라 하시니라

새번역 죽었던 사람이 나왔다. 손발은 천으로 감겨 있고, 얼굴은 수건으로 싸매여
있었다. 예수께서 그들에게 "그를 풀어 주어서, 가게 하여라" 하고 말씀하셨다.

✒ 묵상하기

죽은 나사로가 살아난 기적은 "하나님의 영광을 위함"이었고(요 11:4) "너희(제자)로 믿게 하
려"고(요 11:15) 베푸신 일이었습니다. 동시에 이 기적은 궁극적으로 예수님의 부활을 미리
보여줍니다.
예수님이 곧 부활과 생명이기 때문에(요 11:25) 그분 안에서만 생명을 얻을 수 있습니다.

마태복음 19:4 예수께서 대답하여 이르시되 사람을 지으신 이가
본래 그들을 남자와 여자로 지으시고

새번역 예수께서 대답하셨다. "사람을 창조하신 분이 처음부터
그들을 남자와 여자로 지으셨다는 것과,"

마태복음 19:5 말씀하시기를 그러므로 사람이 그 부모를 떠나서 아내에게 합하여
그 둘이 한 몸이 될지니라 하신 것을 읽지 못하였느냐

새번역 그리고 그가 말씀하시기를 '그러므로 남자는 아버지와
어머니를 떠나서, 자기 아내와 합하여서 둘이 한 몸이 될
것이다' 하신 것을, 너희는 아직 읽어보지 못하였느냐?

마태복음 19:6 그런즉 이제 둘이 아니요 한 몸이니 그러므로
하나님이 짝지어 주신 것을 사람이 나누지 못할지니라

새번역 그러므로 그들은 이제 둘이 아니라 한 몸이다.
하나님이 짝지어 주신 것을 사람이 갈라놓아서는 안 된다.

🪶 묵상하기

예수께서 대답하셨다. "너희는 창조주께서 본래 남자와 여자를 서로를 위해 지어주신 것을
성경에서 읽어보지 못했느냐? 그러므로 남자는 부모를 떠나 아내와 굳게 맺어져 한 몸이 된
다. 더 이상 둘이 아니라 한 몸이다. 남자와 여자의 이 유기적인 연합은 하나님께서 창조하신
것이다. 그러니 누구도 그들을 갈라놓아서 그분의 작품을 모독해서는 안 된다."

_『메시지 신약』(유진 피터슨, 복있는사람) 마태복음 19장 4-6절 중에서

❤ 재물이 많은 청년

마태복음 19:17 예수께서 이르시되 어찌하여 선한 일을 내게 묻느냐 선한 이는
오직 한 분이시니라 네가 생명에 들어 가려면 계명들을 지키라

새번역 예수께서 그에게 말씀하셨다. "어찌하여 너는 나에게 선한 일을 묻느냐.
선한 분은 한 분이다. 네가 생명에 들어가기를 원하면, 계명들을 지켜라."

마태복음 19:21 예수께서 이르시되 네가 온전하고자 할진대 가서 네 소유를 팔아
가난한 자들에게 주라 그리하면 하늘에서 보화가 네게 있으리라
그리고 와서 나를 따르라 하시니

새번역 예수께서 그에게 말씀하셨다. "네가 완전한 사람이 되려고 하면, 가서
네 소유를 팔아서, 가난한 사람에게 주어라. 그리하면, 네가 하늘에서
보화를 차지하게 될 것이다. 그리고, 와서 나를 따라라."

마가복음 10:23 예수께서 둘러보시고 제자들에게 이르시되 재물이 있는 자는
하나님의 나라에 들어가기가 심히 어렵도다 하시니

새번역 예수께서 둘러보시고, 제자들에게 말씀하셨다. "재산을 가진
사람은, 하나님의 나라에 들어가기가 참으로 어렵다."

마가복음 10:25 낙타가 바늘귀로 나가는 것이
부자가 하나님의 나라에 들어가는 것보다 쉬우니라

새번역 부자가 하나님의 나라에 들어가는 것보다
낙타가 바늘귀로 지나가는 것이 더 쉽다.

마태복음 19:17

마태복음 19:21

마가복음 10:23

마가복음 10:25

마가복음 10:27 **예수께서 그들을 보시며 이르시되 사람으로는 할 수 없으되**
하나님으로는 그렇지 아니하니 하나님으로서는 다 하실 수 있느니라

새번역 예수께서 그들을 눈여겨보시고, 말씀하셨다. "사람에게는 불가능하나,
하나님께는 그렇지 않다. 하나님께는 모든 일이 가능하다."

∝ **야고보와 요한의 요구**
마태복음 20:22 **예수께서 대답하여 이르시되 너희는 너희가 구하는 것을**
알지 못하는도다 내가 마시려는 잔을 너희가 마실 수 있느냐
그들이 말하되 할 수 있나이다

새번역 예수께서 대답하셨다. "너희는 너희가 구하는 것이 무엇인지도 모르고 있다. 내가
마시려는 잔을 너희가 마실 수 있겠느냐?" 그들이 대답하였다. "마실 수 있습니다."

마태복음 20:23 **이르시되 너희가 과연 내 잔을 마시려니와 내 좌우편에 앉는 것은**
내가 주는 것이 아니라 내 아버지께서 누구를 위하여
예비하셨든지 그들이 얻을 것이니라

새번역 예수께서 그들에게 말씀하셨다. "정말로 너희는 나의 잔을 마실 것이다.
그러나 나의 오른쪽과 왼쪽에 앉히는 그 일은, 내가 할 수 있는 것이 아니다.
그 자리는 내 아버지께서 정해 놓으신 사람들에게 돌아갈 것이다."

예수와 삭개오

누가복음 19:5　예수께서 그 곳에 이르사 쳐다보시고 이르시되

삭개오야 속히 내려오라 내가 오늘 네 집에 유하여야 하겠다 하시니

새번역 예수께서 그 곳에 이르러서 쳐다보시고, 그에게 말씀하셨다.

"삭개오야, 어서 내려오너라. 오늘은 내가 네 집에서 묵어야 하겠다."

누가복음 19:9　예수께서 이르시되 오늘 구원이 이 집에 이르렀으니

이 사람도 아브라함의 자손임이로다

새번역 예수께서 그에게 말씀하셨다. "오늘 구원이 이 집에

이르렀다. 이 사람도 아브라함의 자손이다."

예수의 머리에 향유를 붓다

마태복음 26:12　이 여자가 내 몸에 이 향유를 부은 것은 내 장례를 위하여 함이니라

새번역 이 여자가 내 몸에 향유를 부은 것은, 내 장례를 치르려고 한 것이다.

마태복음 26:13　내가 진실로 너희에게 이르노니 온 천하에 어디서든지

이 복음이 전파되는 곳에서는 이 여자가 행한 일도 말하여

그를 기억하리라

새번역 내가 진정으로 너희에게 말한다. 온 세상 어디서든지, 이 복음이 전파되는

곳에서는, 이 여자가 한 일도 전해져서, 그를 기억하게 될 것이다.

154

2부

예루살렘에 입성하시다

∝ 예루살렘에 들어가시다

누가복음 19:30 이르시되 너희는 맞은편 마을로 가라 그리로 들어가면 아직 아무도
타 보지 않은 나귀 새끼가 매여 있는 것을 보리니 풀어 끌고 오라

> **새번역** 말씀하셨다. "맞은쪽 마을로 가거라. 거기에 들어가서 보면, 아직 아무도 타 본
> 적이 없는 새끼 나귀 한 마리가 매여 있을 것이다. 그것을 풀어서 끌고 오너라."

누가복음 19:31 만일 누가 너희에게 어찌하여 푸느냐 묻거든
말하기를 주가 쓰시겠다 하라 하시매

> **새번역** 혹시 누가 너희에게 왜 푸느냐고 묻거든, '주님께서
> 그것을 필요로 하십니다' 하고 말하여라.

누가복음 19:40 대답하여 이르시되 내가 너희에게 말하노니
만일 이 사람들이 침묵하면 돌들이 소리 지르리라

> **새번역** 그러나 예수께서 대답하셨다. "내가 너희에게 말한다.
> 이 사람들이 잠잠하면, 돌들이 소리지를 것이다."

✒ 묵상하기

예수님이 예루살렘으로 나귀를 타고 들어가신 것은 스가랴 9장 9절의 예언을 성취하신 것이
며 십자가를 지실 겸손의 왕이심을 보여주는 것입니다.

예수님은 예루살렘 성을 보고 우신 뒤 이어서 예루살렘 성전에 들어가 장사하는 자들을 쫓
아내십니다. 그들은 성전 안에서 제물 판매와 환전을 통해 폭리를 취하여 이방인의 뜰에서
이방인들이 기도하는 것을 방해하는 장사꾼들이었습니다. 예수님은 그들을 쫓아내셔서 성
전을 "만민이 기도하는 집"(사 56:7)으로 회복시키신 것입니다.

∞ 성전을 깨끗하게 하시다

마태복음 21:13 그들에게 이르시되 기록된 바 내 집은 기도하는 집이라 일컬음을
받으리라 하였거늘 너희는 강도의 소굴을 만드는도다

새번역 그들에게 말씀하셨다. "성경에 기록한 바, '내 집은 기도하는 집이라고 불릴
것이다' 하였다. 그런데 너희는 그것을 '강도들의 소굴'로 만들어 버렸다."

마태복음 21:16 예수께 말하되 그들이 하는 말을 듣느냐 예수께서 이르시되
그렇다 어린 아기와 젖먹이들의 입에서 나오는 찬미를
온전하게 하셨나이다 함을 너희가 읽어 본 일이 없느냐 하시고

새번역 예수께 말하였다. "당신은 아이들이 무어라 하는지 듣고 있소?" 예수께서
그들에게 말씀하셨다. "그렇다. '주님께서는 어린 아이들과 젖먹이들의
입에서 찬양이 나오게 하셨다' 하신 말씀을, 너희는 읽어보지 못하였느냐?"

∞ 무화과나무가 마르다

마태복음 21:19 길가에서 한 무화과나무를 보시고 그리로 가사 잎사귀밖에
아무것도 찾지 못하시고 나무에게 이르시되 이제부터 영원토록
네가 열매를 맺지 못하리라 하시니 무화과나무가 곧 마른지라

새번역 마침 길가에 있는 무화과나무 한 그루를 보시고, 그 나무로 가셨으나, 잎사귀
밖에는 아무것도 없으므로, 그 나무에게 말씀하셨다. "이제부터 너는 영원히
열매를 맺지 못할 것이다!" 그러자 무화과나무가 곧 말라 버렸다.

∾ 인자가 들려야 하리라

요한복음 12:24 내가 진실로 진실로 너희에게 이르노니 한 알의 밀이 땅에 떨어져
죽지 아니하면 한 알 그대로 있고 죽으면 많은 열매를 맺느니라

새번역 내가 진정으로 진정으로 너희에게 말한다. 밀알 하나가 땅에 떨어져서
죽지 않으면 한 알 그대로 있고, 죽으면 열매를 많이 맺는다.

∾ 포도원 농부 비유

마태복음 21:42 예수께서 이르시되 너희가 성경에 건축자들이 버린 돌이
모퉁이의 머릿돌이 되었나니 이것은 주로 말미암아 된 것이요
우리 눈에 기이하도다 함을 읽어 본 일이 없느냐

새번역 예수께서 그들에게 말씀하셨다. "너희는 성경에서 이런 말씀을 읽어 본
일이 없느냐? '집 짓는 사람이 버린 돌이 집 모퉁이의 머릿돌이 되었다.
이것은 주님께서 하신 일이요, 우리 눈에는 놀라운 일이다.'"

∾ 혼인 잔치 비유

마태복음 22:2 천국은 마치 자기 아들을 위하여 혼인 잔치를 베푼 어떤 임금과 같으니

새번역 하늘나라는 자기 아들의 혼인 잔치를 베푼 어떤 임금에게 비길 수 있다.

마태복음 22:3 그 종들을 보내어 그 청한 사람들을 혼인 잔치에
오라 하였더니 오기를 싫어하거늘

새번역 임금이 자기 종들을 보내서, 초대받은 사람들을 잔치에
불러오게 하였는데, 그들은 오려고 하지 않았다.

요한복음 12:24

마태복음 21:12

마태복음 22:2

마태복음 22:34

마태복음 22:8   이에 종들에게 이르되 혼인 잔치는 준비되었으나
청한 사람들은 합당하지 아니하니

새번역 그리고 자기 종들에게 말하였다. '혼인 잔치는 준비되었는데,
초대받은 사람들은 이것을 받을 만한 자격이 없다.'

마태복음 22:14   청함을 받은 자는 많되 택함을 입은 자는 적으니라

새번역 부름받은 사람은 많으나, 뽑힌 사람은 적다.

∝ 가이사에게 세금을 바치는 것
마태복음 22:21   이르되 가이사의 것이니이다 이에 이르시되 그런즉
가이사의 것은 가이사에게, 하나님의 것은 하나님께 바치라

새번역 그들이 대답하였다. "황제의 것입니다." 그 때에 예수께서 그들에게 말씀하셨다.
"그렇다면, 황제의 것은 황제에게 돌려주고, 하나님의 것은 하나님께 돌려드려라."

묵상하기

예수님은 당시 이스라엘의 모든 주요 분파(사두개파, 바리새파)에게 분노의 대상이 되셨습니다.
서로를 적으로 생각하는 이들이 예수님이라는 공동의 적 앞에 연합하였습니다(마 22:15-16).
그들이 예수께 질문을 던진 것은 궁금해서가 아니라 예수님을 곤경에 빠뜨리기 위함이었습니
다. 그들의 기대와 다른 예수님의 대답에 그들은 크게 놀라 더 이상 묻지 못하고 예수님을
떠나갑니다(마 22:22, 33, 46). 예수님의 대응에 주의하며 마태복음 22-23장을 읽어보십시오.

∝ **부활 논쟁**

마태복음 22:29 예수께서 대답하여 이르시되 너희가 성경도, 하나님의 능력도
알지 못하는 고로 오해하였도다

새번역 예수께서 그들에게 대답하셨다. "너희는 성경도 모르고,
하나님의 능력도 모르기 때문에, 잘못 생각하고 있다."

마태복음 22:32 나는 아브라함의 하나님이요 이삭의 하나님이요
야곱의 하나님이로라 하신 것을 읽어 보지 못하였느냐
하나님은 죽은 자의 하나님이 아니요 살아 있는 자의 하나님이시니라

새번역 하나님께서는 '나는 아브라함의 하나님이요, 이삭의 하나님이요,
야곱의 하나님이다' 하고 말씀하셨다. 하나님은 죽은 사람의
하나님이 아니라, 살아 있는 사람의 하나님이시다.

∝ **가장 큰 계명**

마가복음 12:29 예수께서 대답하시되 첫째는 이것이니 이스라엘아 들으라
주 곧 우리 하나님은 유일한 주시라

새번역 예수께서 대답하셨다. "첫째는 이것이다. '이스라엘아, 들어라.
우리 하나님이신 주님은 오직 한 분이신 주님이시다.'"

마가복음 12:30 네 마음을 다하고 목숨을 다하고 뜻을 다하고
힘을 다하여 주 너의 하나님을 사랑하라 하신 것이요

새번역 '네 마음을 다하고, 네 목숨을 다하고, 네 뜻을 다하고,
네 힘을 다하여, 너의 하나님이신 주님을 사랑하여라.'

마태복음 22:29

마태복음 22:32

예수를 쓰다

마가복음 12:29

마가복음 12:30

마가복음 12:31 　둘째는 이것이니 네 이웃을 네 자신과 같이 사랑하라 하신 것이라
　　　　　　　이보다 더 큰 계명이 없느니라

　　　새번역 둘째는 이것이다. '네 이웃을 네 몸같이 사랑하여라.'
　　　　　　　이 계명보다 더 큰 계명은 없다.

마태복음 22:40 　이 두 계명이 온 율법과 선지자의 강령이니라

　　　새번역 이 두 계명에 온 율법과 예언서의 본 뜻이 달려 있다.

∝ 가난한 과부의 헌금

마가복음 12:43 　예수께서 제자들을 불러다가 이르시되 내가 진실로 너희에게 이르노니
　　　　　　　이 가난한 과부는 헌금함에 넣는 모든 사람보다 많이 넣었도다

　　　새번역 예수께서 제자들을 곁에 불러 놓고서, 그들에게 말씀하셨다.
　　　　　　　"내가 진정으로 너희에게 말한다. 헌금함에 돈을 넣은 사람들
　　　　　　　가운데, 이 가난한 과부가 어느 누구보다도 더 많이 넣었다."

마가복음 12:44 　그들은 다 그 풍족한 중에서 넣었거니와 이 과부는
　　　　　　　그 가난한 중에서 자기의 모든 소유 곧 생활비 전부를 넣었느니라

　　　새번역 모두 다 넉넉한 데서 얼마씩을 떼어 넣었지만, 이 과부는 가난한
　　　　　　　가운데서 가진 것 모두 곧 자기 생활비 전부를 털어 넣었다.

∝ 성전이 파괴될 것을 예언하시다

마태복음 24:2　대답하여 이르시되 너희가 이 모든 것을 보지 못하느냐 내가 진실로
너희에게 이르노니 돌 하나도 돌 위에 남지 않고 다 무너뜨려지리라

　　　새번역 예수께서 그들에게 말씀하셨다. "너희는 이 모든 것을 보고
있지 않느냐? 내가 진정으로 너희에게 말한다. 여기에 돌
하나도 돌 위에 남아 있지 않고, 다 무너질 것이다."

∝ 재난의 징조

마태복음 24:4　예수께서 대답하여 이르시되
너희가 사람의 미혹을 받지 않도록 주의하라

　　　새번역 예수께서 그들에게 말씀하셨다. "누구에게도 속지 않도록 조심하여라."

마태복음 24:5　많은 사람이 내 이름으로 와서 이르되
나는 그리스도라 하여 많은 사람을 미혹하리라

　　　새번역 많은 사람이 내 이름으로 와서 말하기를 '내가
그리스도이다' 하면서, 많은 사람을 속일 것이다.

마태복음 24:13　그러나 끝까지 견디는 자는 구원을 얻으리라

　　　새번역 그러나 끝까지 견디는 사람은 구원을 얻을 것이다.

마태복음 24:14   이 천국 복음이 모든 민족에게 증언되기 위하여
온 세상에 전파되리니 그제야 끝이 오리라

새번역 이 하늘나라의 복음이 온 세상에 전파되어서, 모든 민족에게
증언될 것이다. 그 때에야 끝이 올 것이다.

∞ 그 날과 그 시각은 아무도 모른다

마태복음 24:36   그러나 그 날과 그 때는 아무도 모르나니 하늘의 천사들도,
아들도 모르고 오직 아버지만 아시느니라

새번역 그러나 그 날과 그 시각은 아무도 모른다. 하늘의 천사들도 모르고,
아들도 모르고, 오직 아버지만이 아신다.

∞ 항상 기도하며 깨어 있으라

누가복음 21:34   너희는 스스로 조심하라 그렇지 않으면 방탕함과 술취함과 생활의
염려로 마음이 둔하여지고 뜻밖에 그 날이 덫과 같이 너희에게 임하리라

새번역 너희는 스스로 조심해서, 방탕과 술취함과 세상살이의 걱정으로 너희의 마음이
짓눌리지 않게 하고, 또한 그 날이 덫과 같이 너희에게 닥치지 않게 하여라.

누가복음 21:36   이러므로 너희는 장차 올 이 모든 일을 능히 피하고
인자 앞에 서도록 항상 기도하며 깨어 있으라

새번역 그러니 너희는 앞으로 일어날 이 모든 일을 능히 피하고,
또 인자 앞에 설 수 있도록, 기도하면서 늘 깨어 있어라.

마태복음 21:11

마태복음 21:18

누가복음 21:37

누가복음 21:38

요한복음 12:44 예수께서 외쳐 이르시되 나를 믿는 자는
나를 믿는 것이 아니요 나를 보내신 이를 믿는 것이며

새번역 예수께서 큰 소리로 말씀하셨다. "나를 믿는 사람은
나를 믿는 것이 아니라 나를 보내신 분을 믿는 것이요,"

요한복음 12:45 나를 보는 자는 나를 보내신 이를 보는 것이니라

새번역 나를 보는 사람은 나를 보내신 분을 보는 것이다.

요한복음 12:46 나는 빛으로 세상에 왔나니 무릇 나를 믿는 자로
어둠에 거하지 않게 하려 함이로라

새번역 나는 빛으로서 세상에 왔다. 그것은, 나를 믿는 사람은
아무도 어둠 속에 머무르지 않도록 하려는 것이다.

요한복음 12:47 사람이 내 말을 듣고 지키지 아니할지라도 내가 그를 심판하지
아니하노라 내가 온 것은 세상을 심판하려 함이 아니요
세상을 구원하려 함이로라

새번역 어떤 사람이 내 말을 듣고서 그것을 지키지 않는다 하더라도, 나는 그를
심판하지 아니한다. 나는 세상을 심판하러 온 것이 아니라 구원하러 왔다.

요한복음 12:44

요한복음 12:45

요한복음 12:46

요한복음 12:47

∞ 마지막 만찬

누가복음 22:15 **이르시되 내가 고난을 받기 전에 너희와 함께**
이 유월절 먹기를 원하고 원하였노라

새번역 예수께서 그들에게 말씀하셨다. "내가 고난을 당하기 전에,
너희와 함께 이 유월절 음식을 먹기를 참으로 간절히 바랐다."

누가복음 22:19 **또 떡을 가져 감사기도 하시고 떼어 그들에게 주시며 이르시되 이것은**
너희를 위하여 주는 내 몸이라 너희가 이를 행하여 나를 기념하라 하시고

새번역 예수께서는 또 빵을 들어서 감사를 드리신 다음에, 떼어서
그들에게 주시고 말씀하셨다. "이것은 너희를 위하여 주는
내 몸이다. 이것을 행하여 나를 기억하여라."

누가복음 22:20 **저녁 먹은 후에 잔도 그와 같이 하여 이르시되 이 잔은**
내 피로 세우는 새 언약이니 곧 너희를 위하여 붓는 것이라

새번역 그리고 저녁을 먹은 뒤에, 잔을 그와 같이 하시고서 말씀하셨다.
"이 잔은 너희를 위하여 흘리는 내 피로 세우는 새 언약이다."

∞ 제자들의 발을 씻어주시다

요한복음 13:8 **베드로가 이르되 내 발을 절대로 씻지 못하시리이다 예수께서**
대답하시되 내가 너를 씻어 주지 아니하면 네가 나와 상관이 없느니라

새번역 베드로가 다시 예수께 말하였다. "아닙니다. 내 발은 절대로 씻기지 못하십니다."
예수께서 그에게 말씀하셨다. "내가 너를 씻기지 아니하면, 너는 나와 상관이 없다."

요한복음 13:10 **예수께서 이르시되 이미 목욕한 자는 발밖에 씻을 필요가 없느니라**
온 몸이 깨끗하니라 너희가 깨끗하나 다는 아니니라 하시니

새번역 예수께서 그에게 말씀하셨다. "이미 목욕한 사람은 온 몸이 깨끗하니, 발
밖에는 더 씻을 필요가 없다. 너희는 깨끗하다. 그러나, 다 그런 것은 아니다."

요한복음 13:13 **너희가 나를 선생이라 또는 주라 하니 너희 말이 옳도다 내가 그러하다**

새번역 너희가 나를 선생님 또는 주님이라고 부르는데,
그것은 옳은 말이다. 내가 사실로 그러하다.

요한복음 13:14 **내가 주와 또는 선생이 되어 너희 발을 씻었으니**
너희도 서로 발을 씻어 주는 것이 옳으니라

새번역 주이며 선생인 내가 너희의 발을 씻겨 주었으니,
너희도 서로 남의 발을 씻겨 주어야 한다.

요한복음 13:15 **내가 너희에게 행한 것같이 너희도 행하게 하려 하여 본을 보였노라**

새번역 내가 너희에게 한 것과 같이, 너희도 이렇게 하라고, 내가 본을 보여 준 것이다.

∝ 배신당할 것을 예고하시다

마태복음 26:24 인자는 자기에 대하여 기록된 대로 가거니와

인자를 파는 그 사람에게는 화가 있으리로다

그 사람은 차라리 태어나지 아니하였더라면 제게 좋을 뻔하였느니라

새번역 인자는 자기에 관하여 성경에 기록되어 있는 대로 떠나가지만,

인자를 넘겨주는 그 사람은 화가 있다. 그 사람은 차라리

태어나지 않았더라면, 자기에게 좋았을 것이다.

마태복음 26:25 예수를 파는 유다가 대답하여 이르되 랍비여

나는 아니지요 대답하시되 네가 말하였도다 하시니라

새번역 예수를 넘겨 줄 사람인 유다가 말하기를 "선생님, 나는 아니지요?"

하니, 예수께서 그에게 "네가 말하였다" 하고 대답하셨다.

∝ 새 계명, 서로 사랑하라

요한복음 13:31 그가 나간 후에 예수께서 이르시되 지금 인자가 영광을 받았고

하나님도 인자로 말미암아 영광을 받으셨도다

새번역 유다가 나간 뒤에, 예수께서 말씀하셨다. "이제는 인자가 영광을

받았고, 하나님께서도 인자로 말미암아 영광을 받으셨다."

🖋 묵상하기

가룟 유다가 나간 후 예수님은 열한 제자에게 마지막 당부와 가르침을 전하십니다. "서로 사랑하라"는 계명은 낯선 계명이 아닙니다. 그러나 이 계명이 새로운 이유는 예수님의 사랑이라는 새로운 기준을 제시하기 때문입니다. 예수님처럼 섬기는 사랑은 그들이 진정한 제자라는 사실을 증언할 것입니다.

『프뉴마 성경』(넥서스크로스) 참고

요한복음 13:34 새 계명을 너희에게 주노니 서로 사랑하라
내가 너희를 사랑한 것같이 너희도 서로 사랑하라

새번역 이제 나는 너희에게 새 계명을 준다. 서로 사랑하여라.
내가 너희를 사랑한 것같이, 너희도 서로 사랑하여라.

요한복음 13:35 너희가 서로 사랑하면 이로써 모든 사람이 너희가 내 제자인 줄 알리라

새번역 너희가 서로 사랑하면, 모든 사람이 그것으로써
너희가 내 제자인 줄을 알게 될 것이다.

∝ 베드로가 부인할 것을 이르시다

누가복음 22:32 그러나 내가 너를 위하여 네 믿음이 떨어지지 않기를
기도하였노니 너는 돌이킨 후에 네 형제를 굳게 하라

새번역 그러나 나는 네 믿음이 꺾이지 않도록, 너를 위하여 기도하였다.
네가 다시 돌아올 때에는, 네 형제를 굳세게 하여라.

누가복음 22:34 이르시되 베드로야 내가 네게 말하노니 오늘 닭 울기 전에
네가 세 번 나를 모른다고 부인하리라 하시니라

새번역 그러나 예수께서 말씀하셨다. "베드로야, 내가 네게 말한다. 오늘
닭이 울기 전에, 네가 세 번 나를 모른다고 할 것이다."

마가복음 13:34

요한2서 1:35

누가복음 22:32

누가복음 22:54

요한복음 14:1 **너희는 마음에 근심하지 말라 하나님을 믿으니 또 나를 믿으라**

새번역 너희는 마음에 근심하지 말아라. 하나님을 믿고 또 나를 믿어라.

요한복음 14:2 **내 아버지 집에 거할 곳이 많도다 그렇지 않으면 너희에게 일렀으리라 내가 너희를 위하여 거처를 예비하러 가노니**

새번역 내 아버지의 집에는 있을 곳이 많다. 그렇지 않다면, 내가 너희가 있을 곳을 마련하러 간다고 너희에게 말했겠느냐? 나는 너희가 있을 곳을 마련하러 간다.

요한복음 14:3 **가서 너희를 위하여 거처를 예비하면 내가 다시 와서 너희를 내게로 영접하여 나 있는 곳에 너희도 있게 하리라**

새번역 내가 가서 너희가 있을 곳을 마련하면, 다시 와서 너희를 나에게로 데려다가, 내가 있는 곳에 너희도 함께 있게 하겠다.

묵상하기

예수님은 '아버지의 집'을 언급하신다. 예수님이 이 표현을 사용하신 단 한 번의 다른 경우에, 이 말은 성전을 가리켰다(요 2:16). 이스라엘 백성의 삶에서, 성전의 핵심 의미는 그곳이 하늘과 땅이 만나는 장소라는 점이다. 이제 예수님은 새로운 도시, 새로운 세상, 새로운 '집'을 넌지시 암시하신다. 하나님이 온 세상을 새롭게 하실 때, 하늘과 땅이 다시 만날 것이다. 그때 거기에는 모든 사람을 위한 방이 있을 것이다.

_『모든 사람을 위한 요한복음』(톰 라이트, IVP) 요한복음 14장 1-11절 중에서

_____

_____

_____

_____

_____

_____

_____

_____

요한복음 14:6 예수께서 이르시되 내가 곧 길이요 진리요 생명이니
나로 말미암지 않고는 아버지께로 올 자가 없느니라

새번역 예수께서 그에게 말씀하셨다. "나는 길이요, 진리요, 생명이다.
나를 거치지 않고서는, 아무도 아버지께로 갈 사람이 없다."

요한복음 14:16 내가 아버지께 구하겠으니 그가 또 다른 보혜사를
너희에게 주사 영원토록 너희와 함께 있게 하리니

새번역 내가 아버지께 구하겠다. 그리하면 아버지께서 다른 보혜사를
너희에게 보내셔서, 영원히 너희와 함께 계시게 하실 것이다.

요한복음 14:17 그는 진리의 영이라 세상은 능히 그를 받지 못하나니 이는
그를 보지도 못하고 알지도 못함이라 그러나 너희는 그를 아나니
그는 너희와 함께 거하심이요 또 너희 속에 계시겠음이라

새번역 그는 진리의 영이시다. 세상은 그를 보지도 못하고 알지도 못하므로,
그를 맞아들일 수가 없다. 그러나 너희는 그를 안다. 그것은,
그가 너희와 함께 계시고, 또 너희 안에 계실 것이기 때문이다.

요한복음 14:18 내가 너희를 고아와 같이 버려두지 아니하고 너희에게로 오리라

새번역 나는 너희를 고아처럼 버려 두지 아니하고, 너희에게 다시 오겠다.

∞ 보혜사

요한복음 14:26   보혜사 곧 아버지께서 내 이름으로 보내실 성령 그가 너희에게

모든 것을 가르치고 내가 너희에게 말한 모든 것을 생각나게 하리라

> **새번역** 그러나 보혜사, 곧 아버지께서 내 이름으로 보내실 성령께서, 너희에게 모든 것을
> 가르쳐 주실 것이며, 또 내가 너희에게 말한 모든 것을 생각나게 하실 것이다.

요한복음 14:27   평안을 너희에게 끼치노니 곧 나의 평안을 너희에게 주노라

내가 너희에게 주는 것은 세상이 주는 것과 같지 아니하니라

너희는 마음에 근심하지도 말고 두려워하지도 말라

> **새번역** 나는 평화를 너희에게 남겨 준다. 나는 내 평화를 너희에게
> 준다. 내가 너희에게 주는 평화는 세상이 주는 것과 같지 않다.
> 너희는 마음에 근심하지 말고, 두려워하지도 말아라.

마태복음 26:31   그 때에 예수께서 제자들에게 이르시되

오늘 밤에 너희가 다 나를 버리리라 기록된 바

내가 목자를 치리니 양의 떼가 흩어지리라 하였느니라

> **새번역** 그 때에 예수께서 제자들에게 말씀하셨다. "오늘 밤에
> 너희는 모두 나를 버릴 것이다. 성경에 기록하기를
> '내가 목자를 칠 것이니, 양 떼가 흩어질 것이다' 하였다."

🖋 묵상하기

보혜사는 헬라어 '파라클레토스'로, '돕는 자' '변호사'라는 뜻입니다. 이는 법적으로 도와주
며 변호해주는 역할을 의미합니다. 일차적으로 보혜사는 예수님이십니다. 예수님은 우리의
대언자(요일 2:1)가 되어 지금도 하나님 보좌 우편에서 우리를 위해 친히 중보하고 계십니다.
그리고 "또 다른 보혜사"(요 14:16)를 보내주셨는데 그가 바로 성령님이십니다.

나는 포도나무요 너희는 가지라

요한복음 15:1 나는 참포도나무요 내 아버지는 농부라

새번역 나는 참 포도나무요, 내 아버지는 농부이시다.

요한복음 15:4 내 안에 거하라 나도 너희 안에 거하리라 가지가 포도나무에
붙어 있지 아니하면 스스로 열매를 맺을 수 없음같이
너희도 내 안에 있지 아니하면 그러하리라

새번역 내 안에 머물러 있어라. 그리하면 나도 너희 안에 머물러 있겠다.
가지가 포도나무에 붙어 있지 아니하면 스스로 열매를 맺을 수 없는 것과
같이, 너희도 내 안에 머물러 있지 아니하면 열매를 맺을 수 없다.

요한복음 15:5 나는 포도나무요 너희는 가지라 그가 내 안에,
내가 그 안에 거하면 사람이 열매를 많이 맺나니
나를 떠나서는 너희가 아무것도 할 수 없음이라

새번역 나는 포도나무요, 너희는 가지이다. 사람이 내 안에 머물러 있고,
내가 그 안에 머물러 있으면, 그는 많은 열매를 맺는다.
너희는 나를 떠나서는 아무것도 할 수 없다.

요한복음 15:7 너희가 내 안에 거하고 내 말이 너희 안에 거하면
무엇이든지 원하는 대로 구하라 그리하면 이루리라

새번역 너희가 내 안에 머물러 있고, 내 말이 너희 안에 머물러 있으면,
너희가 무엇을 구하든지 다 그대로 이루어질 것이다.

요한복음 15:13 사람이 친구를 위하여 자기 목숨을 버리면 이보다 더 큰 사랑이 없나니

새번역 사람이 자기 친구를 위하여 자기 목숨을 내놓는 것보다 더 큰 사랑은 없다.

요한복음 15:14 너희는 내가 명하는 대로 행하면 곧 나의 친구라

새번역 내가 너희에게 명한 것을 너희가 행하면, 너희는 나의 친구이다.

요한복음 15:15 이제부터는 너희를 종이라 하지 아니하리니 종은 주인이
하는 것을 알지 못함이라 너희를 친구라 하였노니 내가
내 아버지께 들은 것을 다 너희에게 알게 하였음이라

새번역 이제부터는 내가 너희를 종이라고 부르지 않겠다. 종은 그의 주인이
무엇을 하는지를 알지 못한다. 나는 너희를 친구라고 불렀다. 내가
아버지에게서 들은 모든 것을 너희에게 알려 주었기 때문이다.

요한복음 15:16 너희가 나를 택한 것이 아니요 내가 너희를 택하여 세웠나니
이는 너희로 가서 열매를 맺게 하고 또 너희 열매가 항상 있게 하여
내 이름으로 아버지께 무엇을 구하든지 다 받게 하려 함이라

새번역 너희가 나를 택한 것이 아니라, 내가 너희를 택하여 세운 것이다. 그것은 너희가
가서 열매를 맺어, 그 열매가 언제나 남아 있게 하려는 것이다. 그리하여 너희가
내 이름으로 아버지께 구하는 것은 무엇이든지 다 받게 하려는 것이다.

요한복음 15:17 내가 이것을 너희에게 명함은 너희로 서로 사랑하게 하려 함이라

새번역 내가 너희에게 명하는 것은 이것이다. 너희는 서로 사랑하여라.

◁ 성령의 일

요한복음 16:7 그러나 내가 너희에게 실상을 말하노니 내가 떠나가는 것이
너희에게 유익이라 내가 떠나가지 아니하면 보혜사가 너희에게로
오시지 아니할 것이요 가면 내가 그를 너희에게로 보내리니

새번역 그러나, 내가 너희에게 진실을 말하는데, 내가 떠나가는 것이 너희에게
유익하다. 내가 떠나가지 않으면, 보혜사가 너희에게 오시지 않을
것이다. 그러나 내가 가면, 보혜사를 너희에게 보내주겠다.

요한복음 16:8 그가 와서 죄에 대하여, 의에 대하여, 심판에 대하여
세상을 책망하시리라

새번역 그가 오시면, 죄와 의와 심판에 대하여 세상의 잘못을 깨우치실 것이다.

요한복음 16:9 죄에 대하여라 함은 그들이 나를 믿지 아니함이요

새번역 죄에 대하여 깨우친다고 함은 세상 사람들이 나를 믿지 않기 때문이요,

요한복음 16:10 의에 대하여라 함은 내가 아버지께로 가니
너희가 다시 나를 보지 못함이요

새번역 의에 대하여 깨우친다고 함은 내가 아버지께로 가고
너희가 나를 더 이상 못 볼 것이기 때문이요,

요한복음 16:11 심판에 대하여라 함은 이 세상 임금이 심판을 받았음이라

새번역 심판에 대하여 깨우친다고 함은 이 세상의 통치자가 심판을 받았기 때문이다.

요한복음 16:13 그러나 진리의 성령이 오시면 그가 너희를 모든 진리 가운데로
인도하시리니 그가 스스로 말하지 않고
오직 들은 것을 말하며 장래 일을 너희에게 알리시리라

새번역 그러나 그분 곧 진리의 영이 오시면, 그가 너희를 모든 진리 가운데로
인도하실 것이다. 그는 자기 마음대로 말씀하지 않으시고, 듣는 것만
일러주실 것이요, 앞으로 올 일들을 너희에게 알려 주실 것이다.

요한복음 16:24 지금까지는 너희가 내 이름으로 아무것도 구하지 아니하였으나
구하라 그리하면 받으리니 너희 기쁨이 충만하리라

새번역 지금까지는 너희가 아무것도 내 이름으로 구하지 않았다. 구하여라.
그러면 받을 것이다. 그래서 너희의 기쁨이 넘치게 될 것이다.

∝ 내가 세상을 이겼다

요한복음 16:25 이것을 비유로 너희에게 일렀거니와 때가 이르면 다시는 비유로
너희에게 이르지 않고 아버지에 대한 것을 밝히 이르리라

새번역 지금까지는 이런 것들을 내가 너희에게 비유로 말하였으나, 다시는 내가
비유로 말하지 아니하고 아버지에 대하여 분명히 말해 줄 때가 올 것이다.

요한복음 16:33 이것을 너희에게 이르는 것은 너희로 내 안에서
평안을 누리게 하려 함이라 세상에서는 너희가 환난을 당하나
담대하라 내가 세상을 이기었노라

새번역 내가 이것을 너희에게 말한 것은, 너희가 내 안에서 평화를 얻게 하려는 것이다.
너희는 세상에서 환난을 당할 것이다. 그러나 용기를 내어라. 내가 세상을 이겼다.

∝ 기도하시다

요한복음 17:1 예수께서 이 말씀을 하시고 눈을 들어 하늘을 우러러 이르시되
아버지여 때가 이르렀사오니 아들을 영화롭게 하사
아들로 아버지를 영화롭게 하게 하옵소서

새번역 예수께서 이 말씀을 마치시고, 눈을 들어 하늘을 우러러보시고
말씀하셨다. "아버지, 때가 왔습니다. 아버지의 아들을 영광되게
하셔서, 아들이 아버지께 영광을 돌리게 하여 주십시오."

✒ 묵상하기

마태복음 6장 9-13절이 예수께서 제자들에게 가르치신 기도라면, 요한복음 17장은 예수께서 영원한 대제사장으로서 드리는 기도입니다. 이 기도는 내용상 세 가지 간구로 구분됩니다. 즉 하나님께서 영광을 받으시고(1-5절), 제자들이 거룩하게 되고(6-19절), 교회가 하나되기 (20-26절)를 원하는 간구입니다. 특별히 20-26절은 예수님이 친히 현재의 우리를 위해 드리신 기도입니다.

요한복음 11:25

요한복음 11:33

요한복음 11:1

요한복음 17:24　아버지여 내게 주신 자도 나 있는 곳에 나와 함께 있어
아버지께서 창세 전부터 나를 사랑하시므로 내게 주신
나의 영광을 그들로 보게 하시기를 원하옵나이다

새번역 아버지, 아버지께서 내게 주신 사람들도, 내가 있는 곳에 나와
함께 있게 하여 주시고, 창세 전부터 아버지께서 나를 사랑하셔서
내게 주신 내 영광을, 그들도 보게 하여 주시기를 빕니다.

요한복음 17:25　의로우신 아버지여 세상이 아버지를 알지 못하여도 나는 아버지를
알았사옵고 그들도 아버지께서 나를 보내신 줄 알았사옵나이다

새번역 의로우신 아버지, 세상은 아버지를 알지 못하였으나, 나는 아버지를
알았으며, 이 사람들도 아버지께서 나를 보내신 것을 알고 있습니다.

요한복음 17:26　내가 아버지의 이름을 그들에게 알게 하였고 또 알게 하리니
이는 나를 사랑하신 사랑이 그들 안에 있고
나도 그들 안에 있게 하려 함이니이다

새번역 나는 이미 그들에게 아버지의 이름을 알렸으며, 앞으로도
알리겠습니다. 그것은, 아버지께서 나를 사랑하신 그 사랑이
그들 안에 있게 하고, 나도 그들 안에 있게 하려는 것입니다.

⚮ 겟 세 마 네 에 서 기 도 하 시 다

마가복음 14:36   이르시되 아빠 아버지여 아버지께는 모든 것이 가능하오니
이 잔을 내게서 옮기시옵소서 그러나 나의 원대로 마시옵고
아버지의 원대로 하옵소서 하시고

새번역 예수께서는 이렇게 말씀하셨다. "아빠, 아버지, 아버지께서는 모든
일을 하실 수 있으시니, 내게서 이 잔을 거두어 주십시오. 그러나
내 뜻대로 하지 마시고, 아버지의 뜻대로 하여 주십시오."

마가복음 14:38   시험에 들지 않게 깨어 있어 기도하라
마음에는 원이로되 육신이 약하도다 하시고

새번역 너희는 유혹에 빠지지 않도록, 깨어서 기도하여라.
마음은 원하지만, 육신이 약하구나!

마태복음 26:46   일어나라 함께 가자 보라 나를 파는 자가 가까이 왔느니라

새번역 일어나서 가자. 보아라, 나를 넘겨줄 자가 가까이 왔다.

🪶 묵상하기

'겟세마네'는 히브리어로 '기름 짜는 곳'을 뜻하는 단어에서 나온 말이에요. 감람산(올리브산)
의 낮은 능선에 있는 올리브유를 만들던 곳이지요. 예수님은 고난을 당하기 전에 여기서 기
도하셨어요. 하나님의 진노와 저주가 얼마나 무서운 것인지 알면서도, 하나님의 뜻이면 그
잔을 받겠다고 순종의 기도를 드리셨지요.

_『프뉴마 어린이 성경』 마가복음 14장 32절 중에서

누가복음 22:48 예수께 입을 맞추려고 가까이 하는지라 예수께서
이르시되 유다야 네가 입맞춤으로 인자를 파느냐

새번역 예수께서 그에게 말씀하셨다. "유다야, 너는
입맞춤으로 인자를 넘겨주려고 하느냐?"

요한복음 18:8 예수께서 대답하시되 너희에게 내가 그니라 하였으니
나를 찾거든 이 사람들이 가는 것은 용납하라

새번역 예수께서 말씀하셨다. "내가 그 사람이라고 너희에게 이미 말하였다.
너희가 나를 찾거든, 이 사람들은 물러가게 하여라."

요한복음 18:9 이는 아버지께서 내게 주신 자 중에서 하나도
잃지 아니하였사옵나이다 하신 말씀을 응하게 하려 함이러라

새번역 이렇게 말씀하신 것은, 예수께서 전에 '아버지께서 나에게 주신 사람을, 나는
한 사람도 잃지 않았습니다' 하신 그 말씀을 이루게 하시려는 것이었다.

마태복음 26:52 이에 예수께서 이르시되 네 칼을 도로 칼집에 꽂으라
칼을 가지는 자는 다 칼로 망하느니라

새번역 그 때에 예수께서 그에게 말씀하셨다. "네 칼을 칼집에 도로
꽂아라. 칼을 쓰는 사람은 모두 칼로 망한다."

누가복음 22:51 예수께서 일러 이르시되 이것까지 참으라 하시고
그 귀를 만져 낫게 하시더라

새번역 예수께서 말씀하시기를 "그만해 두어라!" 하시고,
그 사람의 귀를 만져서 고쳐 주셨다.

누가복음 22:52 예수께서 그 잡으러 온 대제사장들과 성전의 경비대장들과 장로들에게
이르시되 너희가 강도를 잡는 것같이 검과 몽치를 가지고 나왔느냐

새번역 그런 다음에, 자기를 잡으러 온 대제사장들과 성전 경비대장들과 장로들에게
말씀하셨다. "너희가 강도를 잡듯이 칼과 몽둥이를 들고 나왔느냐?"

누가복음 22:53 내가 날마다 너희와 함께 성전에 있을 때에 내게 손을 대지 아니하였도다
그러나 이제는 너희 때요 어둠의 권세로다 하시더라

새번역 내가 날마다 성전에서 너희와 함께 있었으나, 너희는 내게 손을 대지 않았다.
그러나 지금은 너희의 때요, 어둠의 권세가 판을 치는 때다.

마태복음 26:56 그러나 이렇게 된 것은 다 선지자들의 글을 이루려 함이니라
하시더라 이에 제자들이 다 예수를 버리고 도망하니라

새번역 "그러나 이 모든 일을 이렇게 되게 하신 것은, 예언자들의 글을 이루려고
하신 것이다." 그 때에 제자들은 모두, 예수를 버리고 달아났다.

누가복음 22:51

누가복음 22:52

누가복음 22:53

마태복음 26:56

∾ 대제사장에게 심문 받으시다

요한복음 18:20 예수께서 대답하시되 내가 드러내 놓고 세상에 말하였노라

모든 유대인들이 모이는 회당과 성전에서 항상 가르쳤고

은밀하게는 아무것도 말하지 아니하였거늘

새번역 예수께서 대답하셨다. "나는 드러내 놓고 세상에 말하였소. 나는 언제나 모든 유대
사람이 모이는 회당과 성전에서 가르쳤으며, 아무것도 숨어서 말한 것이 없소."

요한복음 18:21 어찌하여 내게 묻느냐 내가 무슨 말을 하였는지

들은 자들에게 물어 보라 그들이 내가 하던 말을 아느니라

새번역 그런데 어찌하여 나에게 묻소? 내가 무슨 말을 하였는지를, 들은
사람들에게 물어 보시오. 내가 말한 것을 그들이 알고 있소.

∾ 빌라도 앞에 서시다

요한복음 18:36 예수께서 대답하시되 내 나라는 이 세상에 속한 것이 아니니라

만일 내 나라가 이 세상에 속한 것이었더라면 내 종들이 싸워

나로 유대인들에게 넘겨지지 않게 하였으리라

이제 내 나라는 여기에 속한 것이 아니니라

새번역 예수께서 대답하셨다. "내 나라는 이 세상에 속한 것이 아니오. 나의 나라가
세상에 속한 것이라면, 나의 부하들이 싸워서, 나를 유대 사람들의 손에 넘어가지
않게 하였을 것이오. 그러나 사실로 내 나라는 이 세상에 속한 것이 아니오."

요한복음 18:20

요한복음 18:21

요한복음 18:22

요한복음 18:37 빌라도가 이르되 그러면 네가 왕이 아니냐 예수께서 대답하시되
네 말과 같이 내가 왕이니라 내가 이를 위하여 태어났으며
이를 위하여 세상에 왔나니 곧 진리에 대하여 증언하려 함이로라
무릇 진리에 속한 자는 내 음성을 듣느니라 하신대

새번역 빌라도가 예수께 물었다. "그러면 당신은 왕이오?" 예수께서 대답하셨다.
"당신이 말한 대로 나는 왕이오. 나는 진리를 증언하기 위하여 태어났으며, 진리를
증언하기 위하여 세상에 왔소. 진리에 속한 사람은, 누구나 내가 하는 말을 듣소."

∝ 사형 선고를 받으시다
요한복음 19:11 예수께서 대답하시되 위에서 주지 아니하셨더라면 나를 해할 권한이
없었으리니 그러므로 나를 네게 넘겨 준 자의 죄는 더 크다 하시니라

새번역 예수께서 대답하셨다. "위에서 주지 않으셨더라면, 당신에게는
나를 어찌할 아무런 권한도 없을 것이오. 그러므로 나를
당신에게 넘겨준 사람의 죄는 더 크다 할 것이오."

∝ 십자가를 지시다
누가복음 23:28 예수께서 돌이켜 그들을 향하여 이르시되 예루살렘의 딸들아
나를 위하여 울지 말고 너희와 너희 자녀를 위하여 울라

새번역 예수께서 여자들을 돌아다보시고 말씀하셨다. "예루살렘의 딸들아,
나를 두고 울지 말고, 너희와 너희 자녀를 두고 울어라."

누가복음 23:34 이에 예수께서 이르시되 아버지 저들을 사하여 주옵소서 자기들이 하는
것을 알지 못함이니이다 하시더라 그들이 그의 옷을 나눠 제비 뽑을새

새번역 [그 때에 예수께서 말씀하셨다. "아버지, 저 사람들을 용서하여
주십시오. 저 사람들은 자기네가 무슨 일을 하는지를 알지 못합니다."]
그들은 제비를 뽑아서, 예수의 옷을 나누어 가졌다.

누가복음 23:43 예수께서 이르시되 내가 진실로 네게 이르노니
오늘 네가 나와 함께 낙원에 있으리라 하시니라

새번역 예수께서 그에게 말씀하셨다. "내가 진정으로 네게 말한다.
너는 오늘 나와 함께 낙원에 있을 것이다."

요한복음 19:26 예수께서 자기의 어머니와 사랑하시는 제자가 곁에 서 있는 것을 보시고
자기 어머니께 말씀하시되 여자여 보소서 아들이니이다 하시고

새번역 예수께서는 자기 어머니와 그 곁에 서 있는 사랑하는 제자를 보시고,
어머니에게 "어머니, 이 사람이 어머니의 아들입니다" 하고 말씀하시고,

요한복음 19:27 또 그 제자에게 이르시되 보라 네 어머니라 하신대
그 때부터 그 제자가 자기 집에 모시니라

새번역 그 다음에 제자에게는 "자, 이분이 네 어머니시다" 하고
말씀하셨다. 그 때부터 그 제자는 그를 자기 집으로 모셨다.

누가복음 23:34

누가복음 23:43

요한복음 19:26

요한복음 19:27

영혼이 떠나시다

마태복음 27:46 제구시쯤에 예수께서 크게 소리 질러 이르시되
엘리 엘리 라마 사박다니 하시니 이는 곧 나의 하나님,
나의 하나님, 어찌하여 나를 버리셨나이까 하는 뜻이라

새번역 세 시쯤에 예수께서 큰 소리로 부르짖어 말씀하셨다. "엘리 엘리 라마 사박다니?"
그것은 "나의 하나님, 나의 하나님, 어찌하여 나를 버리셨습니까?"라는 뜻이다.

요한복음 19:28 그 후에 예수께서 모든 일이 이미 이루어진 줄 아시고
성경을 응하게 하려 하사 이르시되 내가 목마르다 하시니

새번역 그 뒤에 예수께서는 모든 일이 이루어졌음을 아시고,
성경 말씀을 이루시려고 "목마르다" 하고 말씀하셨다.

요한복음 19:30 예수께서 신 포도주를 받으신 후에 이르시되 다 이루었다
하시고 머리를 숙이니 영혼이 떠나가시니라

새번역 예수께서 신 포도주를 받으시고서, "다 이루었다" 하고
말씀하신 뒤에, 머리를 떨어뜨리시고 숨을 거두셨다.

누가복음 23:46 예수께서 큰 소리로 불러 이르시되 아버지 내 영혼을
아버지 손에 부탁하나이다 하고 이 말씀을 하신 후 숨지시니라

새번역 예수께서 큰 소리로 부르짖어 말씀하셨다. "아버지, 내 영혼을 아버지
손에 맡깁니다." 이 말씀을 하시고, 그는 숨을 거두셨다.

∽ 살아나시다

마태복음 28:9 예수께서 그들을 만나 이르시되 평안하냐 하시거늘
여자들이 나아가 그 발을 붙잡고 경배하니

새번역 그런데 갑자기 예수께서 여자들과 마주쳐서 "평안하냐?" 하고 말씀하셨다.
여자들은 다가가서, 그의 발을 붙잡고, 그에게 절을 하였다.

∽ 엠마오 길에서 제자들에게 나타나시다

누가복음 24:17 예수께서 이르시되 너희가 길 가면서 서로 주고받고 하는 이야기가
무엇이냐 하시니 두 사람이 슬픈 빛을 띠고 머물러 서더라

새번역 예수께서 그들에게 물으셨다. "당신들이 걸으면서 서로 주고받는 이 말들은
무슨 이야기입니까?" 그들은 침통한 표정을 지으며 걸음을 멈추었다.

∽ 제자들에게 나타나시다

요한복음 20:19 이 날 곧 안식 후 첫날 저녁 때에 제자들이 유대인들을
두려워하여 모인 곳의 문들을 닫았더니 예수께서 오사
가운데 서서 이르시되 너희에게 평강이 있을지어다

새번역 그 날, 곧 주간의 첫 날 저녁에, 제자들은 유대 사람들이 무서워서,
문을 모두 닫아걸고 있었다. 그 때에 예수께서 와서, 그들 가운데로
들어서셔서, "너희에게 평화가 있기를!" 하고 인사말을 하셨다.

묵상하기

그가 살아나셨다! (마 28:1-10; 막 16:1-8; 눅 24:1-2; 요 20:1-10)
예수님의 부활은 복음서의 최고 절정입니다. 부활이 없었다면 예수님의 죽음은 고귀하지만
비참했을 것입니다. 그러나 예수님은 죽음의 권세를 깨뜨리고 부활의 첫 열매가 되셨습니
다. 그래서 모든 그리스도인에게 부활의 소망을 주셨습니다. 그리스도인은 마지막 때에 예
수님을 따라 부활하여 영광 가운데 들어가게 될 것을 소망하며 기다리는 자들입니다.

누가복음 24:39 내 손과 발을 보고 나인 줄 알라 또 나를 만져 보라
영은 살과 뼈가 없으되 너희 보는 바와 같이 나는 있느니라
새번역 내 손과 내 발을 보아라. 바로 나다. 나를 만져 보아라. 유령은
살과 뼈가 없지만, 너희가 보다시피, 나는 살과 뼈가 있다.

누가복음 24:44 또 이르시되 내가 너희와 함께 있을 때에 너희에게 말한 바
곧 모세의 율법과 선지자의 글과 시편에 나를 가리켜 기록된
모든 것이 이루어져야 하리라 한 말이 이것이라 하시고
새번역 예수께서 그들에게 말씀하셨다. "내가 전에 너희와 함께 있을 때에
너희에게 말하기를, 모세의 율법과 예언서와 시편에 나를 두고
기록한 모든 일이 반드시 이루어져야 한다고 하였다."

요한복음 20:21 예수께서 또 이르시되 너희에게 평강이 있을지어다
아버지께서 나를 보내신 것같이 나도 너희를 보내노라
새번역 [예수께서] 다시 그들에게 말씀하셨다. "너희에게 평화가 있기를
빈다. 아버지께서 나를 보내신 것같이, 나도 너희를 보낸다."

요한복음 20:22 이 말씀을 하시고 그들을 향하사 숨을 내쉬며 이르시되 성령을 받으라
새번역 이렇게 말씀하신 다음에, 그들에게 숨을 불어넣으시고
말씀하셨다. "성령을 받아라."

요한복음 20:23 너희가 누구의 죄든지 사하면 사하여질 것이요

누구의 죄든지 그대로 두면 그대로 있으리라 하시니라

새번역 너희가 누구의 죄든지 용서해 주면, 그 죄가 용서될 것이요,

용서해 주지 않으면, 그대로 남아 있을 것이다.

✍ 도마가 의심하다

요한복음 20:27 도마에게 이르시되 네 손가락을 이리 내밀어 내 손을 보고

네 손을 내밀어 내 옆구리에 넣어 보라 그리하여

믿음 없는 자가 되지 말고 믿는 자가 되라

새번역 그리고 나서 도마에게 말씀하셨다. "네 손가락을 이리 내밀어서 내 손을 만져 보고,

네 손을 내 옆구리에 넣어 보아라. 그래서 의심을 떨쳐버리고 믿음을 가져라."

요한복음 20:29 예수께서 이르시되 너는 나를 본 고로 믿느냐

보지 못하고 믿는 자들은 복되도다

새번역 예수께서 도마에게 말씀하셨다. "너는 나를 보았기 때문에

믿느냐? 나를 보지 않고도 믿는 사람은 복이 있다."

🖋 묵상하기

보지 않고도 믿는 자들이 복되다 하신 예수님의 말씀처럼, 그리스도인은 믿음으로 말미암아 소망하는 것이 실제로 이루어질 것이라 확신할 수 있습니다. 그래서 믿음을 지닌 그리스도인은 지금 이루어진 것이 아무것도 없고, 현실에서 아무런 소망이 보이지 않더라도 하나님의 약속을 신뢰함으로 견딜 수 있습니다. 하나님은 신실하신 분이기 때문입니다. 이러한 믿음을 갖고 사는 이들의 삶은 보이지 않는 하나님의 약속에 대한 증거가 될 것입니다.

∝ 일곱 제자에게 나타나시다

요한복음 21:6   이르시되 그물을 배 오른편에 던지라 그리하면 잡으리라

하시니 이에 던졌더니 물고기가 많아 그물을 들 수 없더라

새번역 예수께서 그들에게 말씀하셨다. "그물을 배 오른쪽에 던져라.

그리하면 잡을 것이다." 제자들이 그물을 던지니, 고기가

너무 많이 걸려서, 그물을 끌어올릴 수가 없었다.

∝ 내 양을 먹이라

요한복음 21:15   그들이 조반 먹은 후에 예수께서 시몬 베드로에게 이르시되

요한의 아들 시몬아 네가 이 사람들보다 나를 더 사랑하느냐

하시니 이르되 주님 그러하나이다 내가 주님을 사랑하는 줄

주님께서 아시나이다 이르시되 내 어린 양을 먹이라 하시고

새번역 그들이 아침을 먹은 뒤에, 예수께서 시몬 베드로에게 물으셨다. "요한의

아들 시몬아, 네가 이 사람들보다 나를 더 사랑하느냐?" 베드로가

대답하였다. "주님, 그렇습니다. 내가 주님을 사랑하는 줄을 주님께서

아십니다." 예수께서 그에게 말씀하셨다. "내 어린 양 떼를 먹여라."

묵상하기

부활하신 예수님이 제자들에게 찾아와 숯불에 물고기를 구워 주셨어요. 베드로는 예수님을
세 번 부인한 기억이 떠올라 괴로웠어요. 예수님은 베드로에게 "나를 사랑하느냐"라고 세 번
물어 보셨어요. 베드로는 쉽게 대답할 수 없었지요. 그러나 예수님은 이미 베드로를 용서하
셨어요. 이 세 번의 질문으로 예수님은 베드로의 마음을 회복시켜 주셨어요. 또한 "내 양을
먹이라"라는 부탁으로 예수님은 베드로에게 새로운 사명을 주세요.

_『프뉴마 어린이 성경』 요한복음 21장 15-17절 중에서

요한복음 21:16 또 두 번째 이르시되 요한의 아들 시몬아 네가 나를 사랑하느냐 하시니 이르되 주님 그러하나이다 내가 주님을 사랑하는 줄 주님께서 아시나이다 이르시되 내 양을 치라 하시고

새번역 예수께서 두 번째로 그에게 물으셨다. "요한의 아들 시몬아, 네가 나를 사랑하느냐?" 베드로가 대답하였다. "주님, 그렇습니다. 내가 주님을 사랑하는 줄을 주님께서 아십니다." 예수께서 그에게 말씀하셨다. "내 양 떼를 쳐라."

요한복음 21:17 세 번째 이르시되 요한의 아들 시몬아 네가 나를 사랑하느냐 하시니 주께서 세 번째 네가 나를 사랑하느냐 하시므로 베드로가 근심하여 이르되 주님 모든 것을 아시오매 내가 주님을 사랑하는 줄을 주님께서 아시나이다 예수께서 이르시되 내 양을 먹이라

새번역 예수께서 세 번째로 물으셨다. "요한의 아들 시몬아, 네가 나를 사랑하느냐?" 그 때에 베드로는, [예수께서] "네가 나를 사랑하느냐?" 하고 세 번이나 물으시므로, 불안해서 "주님, 주님께서는 모든 것을 아십니다. 그러므로 내가 주님을 사랑하는 줄을 주님께서 아십니다" 하고 대답하였다. 예수께서 그에게 말씀하셨다. "내 양 떼를 먹여라."

마태복음 28:18 예수께서 나아와 말씀하여 이르시되

하늘과 땅의 모든 권세를 내게 주셨으니

새번역 예수께서 다가와서, 그들에게 말씀하셨다. "나는 하늘과 땅의 모든 권세를 받았다."

마태복음 28:19 그러므로 너희는 가서 모든 민족을 제자로 삼아

아버지와 아들과 성령의 이름으로 세례를 베풀고

새번역 그러므로 너희는 가서, 모든 민족을 제자로 삼아서,

아버지와 아들과 성령의 이름으로 세례를 주고,

마태복음 28:20 내가 너희에게 분부한 모든 것을 가르쳐 지키게 하라 볼지어다

내가 세상 끝날까지 너희와 항상 함께 있으리라 하시니라

새번역 내가 너희에게 명령한 모든 것을 그들에게 가르쳐 지키게 하여라.

보아라, 내가 세상 끝 날까지 항상 너희와 함께 있을 것이다.

🪶 묵상하기

마태복음 28장 18-20절은 예수님이 우리에게 주신 마지막 명령입니다. 이 말씀의 (헬라어 원문에서) 유일한 동사는 '제자를 삼아라'입니다. 제자를 삼는 과정은 세 단계인데 첫째는 "가서", 둘째는 "세례를 베풀고", 셋째는 "모든 것을 가르쳐 지키게 하라"입니다.

마태복음의 마지막 부분은 예수께서 세상 끝 날까지 항상 함께하겠다는 말씀으로 마무리되는데 이는 사명을 주시는 동시에 제자들을 격려하시는 말씀입니다.

∞ 만민에게 복음을 전파하라

마가복음 16:15 또 이르시되 너희는 온 천하에 다니며 만민에게 복음을 전파하라

> **새번역** 또 예수께서 그들에게 말씀하셨다. "너희는 온 세상에
> 나가서, 만민에게 복음을 전파하여라."

마가복음 16:16 믿고 세례를 받는 사람은 구원을 얻을 것이요
믿지 않는 사람은 정죄를 받으리라

> **새번역** 믿고 세례를 받는 사람은 구원을 얻을 것이요,
> 믿지 않는 사람은 정죄를 받을 것이다.

마가복음 16:17 믿는 자들에게는 이런 표적이 따르리니 곧 그들이
내 이름으로 귀신을 쫓아내며 새 방언을 말하며

> **새번역** 믿는 사람들에게는 이런 표징들이 따를 터인데,
> 곧 그들은 내 이름으로 귀신을 쫓아내며, 새 방언으로 말하며,

마가복음 16:18 뱀을 집어올리며 무슨 독을 마실지라도 해를 받지 아니하며
병든 사람에게 손을 얹은즉 나으리라

> **새번역** 손으로 뱀을 집어들며, 독약을 마실지라도 절대로 해를
> 입지 않으며, 아픈 사람들에게 손을 얹으면 나을 것이다.

누가복음 24:44 또 이르시되 내가 너희와 함께 있을 때에 너희에게 말한 바
곧 모세의 율법과 선지자의 글과 시편에 나를 가리켜 기록된
모든 것이 이루어져야 하리라 한 말이 이것이라 하시고

새번역 예수께서 그들에게 말씀하셨다. "내가 전에 너희와 함께 있을 때에
너희에게 말하기를, 모세의 율법과 예언서와 시편에 나를 두고
기록한 모든 일이 반드시 이루어져야 한다고 하였다."

누가복음 24:46 또 이르시되 이같이 그리스도가 고난을 받고
제삼일에 죽은 자 가운데서 살아날 것과

새번역 그들에게 말씀하셨다. "이렇게 기록되어 있다. 곧 '그리스도는 고난을
겪으시고, 사흘째 되는 날에 죽은 사람들 가운데서 살아나실 것이며,"

누가복음 24:47 또 그의 이름으로 죄 사함을 받게 하는 회개가 예루살렘에서
시작하여 모든 족속에게 전파될 것이 기록되었으니

새번역 '그의 이름으로 죄사함을 받게 하는 회개가 모든 민족에게
전파될 것이다' 하였다. 예루살렘에서부터 시작하여

누가복음 24:48 너희는 이 모든 일의 증인이라

새번역 너희는 이 일의 증인이다.

누가복음 2:11

누가복음 2:16

누가복음 2:17

누가복음 2:18

누가복음 24:49 볼지어다 내가 내 아버지께서 약속하신 것을 너희에게 보내리니
너희는 위로부터 능력으로 입혀질 때까지 이 성에 머물라 하시니라

새번역 [보아라,] 나는 내 아버지께서 약속하신 것을 너희에게 보낸다. 그러므로
너희는 위로부터 오는 능력을 입을 때까지, 이 성에 머물러 있어라.

∝ 예수께서 하늘로 올려지시다

사도행전 1:7 이르시되 때와 시기는 아버지께서
자기의 권한에 두셨으니 너희가 알 바 아니요

새번역 예수께서 그들에게 말씀하셨다. "때나 시기는 아버지께서
아버지의 권한으로 정하신 것이니, 너희가 알 바가 아니다."

사도행전 1:8 오직 성령이 너희에게 임하시면 너희가 권능을 받고 예루살렘과
온 유대와 사마리아와 땅 끝까지 이르러 내 증인이 되리라 하시니라

새번역 그러나 성령이 너희에게 내리시면, 너희는 능력을 받고, 예루살렘과 온 유대와
사마리아에서, 그리고 마침내 땅 끝에까지 이르러 내 증인이 될 것이다.

묵상하기

그리스도인에게 종말은 '이미' 시작되었지만 '아직' 임하지 않았습니다. 예수님의 성육신으로 이미 임했고, 재림으로 끝나기 때문입니다. 종말론이란 말이 극단적 종말론자들(이단) 때문에 부정적으로 인식되지만, 사실 믿는 자에게는 고대하는 것입니다. 예수님의 다시 오심을 통해 하나님의 구속이 완성(재창조) 되기 때문입니다. 그러나 그때까지 온 세상에 재난이 있고 제자에게 고난이 있을 것입니다. 예수님은 복음이 모든 민족에게 전파되어야 세상 끝 날이 올 것이라고 말씀하십니다.

너희는 이 모든 일의 증인이라

_누가복음 24장 48절